Katharina Turecek

Sprachen lernen - made easy

KRENN

„Wenn jemand sich in seiner Muttersprache fließend ausdrücken kann, dann gibt es überhaupt keinen Grund dafür, dass er dies nicht auch in einer (oder gar mehreren) Fremdsprache(n) tun könnte!"

(Vera F. Birkenbihl)

Titel: Katharina Turecek, Sprachen lernen – made easy

www.hubertkrenn.at

Lektorat: Sascha Schipflinger
Illustrationen: Robert Rottensteiner
Fotos: Georg M. Thellmann, PhotoDisc
Umschlag, Layout und Satz: Peter Furian und Georg M. Thellmann – www.furian.at
Druck und Bindung: Druckerei Theiss GmbH, A-9431 St. Stefan

ISBN 3-902351-42-X

Katharina Turecek

Sprachen lernen - made easy

Tipps & Tricks für Sprachenprofis

Für alle Sprachen geeignet

Mit vielen Übungen

Sprachspiele

Inhalt

Danke · Thank You · Dankje · Tak · Merci · Gracias ...

... dir Hubert Krenn, meinem Verleger, für die freundschaftliche Zusammenarbeit und dein Vertrauen in mein Talent.

... nach Kopenhagen, für die Ermunterungen, eure außergewöhnliche Sprache zu lernen.

... Yvonne, Erik, Danz, Tjazrt und all euch anderen Niederländern, dass ihr mich so herzlich willkommen geheißen habt.

... Dad, dass du uns von klein auf englische Filme und Bücher zur Verfügung gestellt hast.

... liebe Familie, für meine Muttersprache.

... Elisabeth, große Schwester. Dadurch, dass du bereits die siebente Sprache sprichst, hast du mich neugierig gemacht und mir gezeigt, wie faszinierend es ist, fremde Sprachen und Kulturen zu verstehen.

... meinem Schutzengel dafür, dass ich nach meinem schweren Unfall noch lebe.

Vorwort

Lieber Leser, liebe Leserin!

Ich kommuniziere gerne, und ich finde, es ist eine spannende und witzige Herausforderung, dies in fremden Sprachen zu tun. In der Schule habe ich Englisch, Französisch und Spanisch gelernt, war aber nie ein „Sprachentalent". Niederländisch war für mich wie eine Geheimsprache. Spielerisch und neugierig habe ich mir einen Spaß daraus gemacht, diese Sprache verstehen und sprechen zu lernen. Innerhalb von drei Monaten konnte ich mich problemlos verständigen. Ich nahm mir Dänisch als nächstes Projekt vor, um meine Methoden zu erproben: mit Erfolg. Während meines Auslandssemesters in Kopenhagen konnte ich dänische Vorlesungen besuchen, Lehrbücher in dänischer Sprache lesen und dänische Patienten behandeln. Dieses Buch ist eine Sammlung meiner Einfälle. Ich habe versucht, einen unterhaltsamen und praxisbezogenen Weg zu finden, Sprachen zu lernen.

Dein Kreativheft

Dieses Buch gibt dir zahlreiche Vorschläge. Sicher findest du manche interessanter als andere. Suche jene Anregungen heraus, die dir am besten weiterhelfen. Sprachenlernen ist ein kreativer Prozess, und bestimmt kommen dir, während du dieses Buch liest, eigene Ideen. Besorge dir ein Heft, in dem du deine Gedanken niederschreiben kannst. In deinem persönlichen Kreativheft hast du dann auch Platz für die Übungen aus dem Buch.

Mit diesem Bleistiftsymbol sind jene Stellen gekennzeichnet, an denen du dein Heft zur Hand nehmen kannst.

Viel Spaß und Erfolg beim Sprachenlernen!

Katharina Turecek www.katharinaturecek.net

Sprachverarbeitung im Gehirn

Without a proper brain to run it ...
a new mouth was of no help.
(Barber and Peters)

Der Mensch unterscheidet sich von anderen Lebewesen durch seine differenzierte und vielseitige Sprache. Sprache ermöglicht uns komplex zu denken. Dank unserer Worte können wir diese Gedanken austauschen und weitergeben. Sprache dient der Unterhaltung und verbindet Menschen miteinander.

Wie funktioniert Sprachverarbeitung im Gehirn? Warum ist es uns Menschen überhaupt möglich zu sprechen? Wie können wir neue Sprachen erlernen? Lies weiter, um Antworten auf diese Fragen zu bekommen!

Linke und rechte Gehirnhälfte

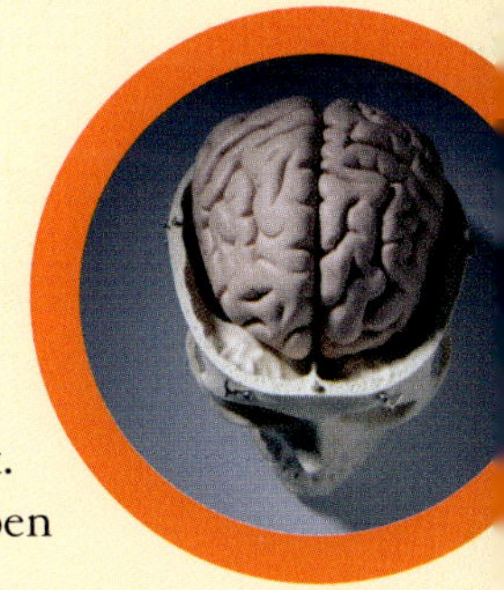

Würden wir unser Gehirn in der Mitte – entlang des Scheitels – durchsägen, zerfiele es in zwei Hälften: die Hemisphären.

Die beiden Großhirnhemisphären sind symmetrisch aufgebaut. Die eine ist sozusagen das Spiegelbild der anderen. Trotzdem haben sie unterschiedliche Aufgabenbereiche:

Die linke Gehirnhälfte	**Die rechte Gehirnhälfte**
verarbeitet Zahlen und Buchstaben. Hier sitzen die beiden wichtigen Sprachzentren. Die linke Gehirnhälfte hilft dir, Worte zu erkennen und Sätze zu formen. Sie kann Grammatikregeln schnell durchschauen und erkennt Details einer fremden Rechtschreibung.	verarbeitet Bilder, Farben und Musik. Hier sitzt unser Sprachgefühl. Dank der rechten Gehirnhälfte kannst du die Sprachmelodie einer neuen Sprache erkennen und genaue Wortlaute nachahmen. Sie ist es auch, die uns hilft, Körpersprache zu entschlüsseln. Außerdem ist sie die kreative der beiden Hälften und improvisiert.

Wir benötigen beide Hälften, um zu sprechen und uns gegenseitig zu verstehen!

Gestalte die beiden Gehirnhälften! Schreibe die jeweiligen Tätigkeitsbereiche in die freien Felder. Du kannst auch passende Symbole und Bilder hineinzeichnen.

- Welche Gehirnhälfte sollte deiner Meinung nach bunter werden?
- In welche Hälfte würdest du das Wort *Haus* schreiben, in welche würdest du eher ein Haus zeichnen?
- Versuche vor allem in der rechten Hälfte möglichst wenig zu schreiben. Wie kann man Begriffe wie Musik und Fantasie zeichnen?

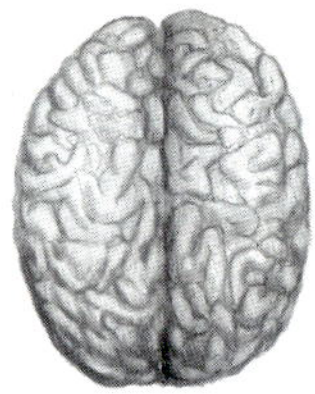

Versuche die folgenden Teile einer Sprache den beiden Gehirnhälften zuzuordnen. Welche der Hälften wird durch die jeweiligen Bereiche mehr angesprochen?[1]

links		rechts
	Vokabel	
	Gestik, Körpersprache	
	Rechtschreibung	
	Grammatik	
	Satzmelodie	
	Mimik, Gesichtsausdruck	

links		rechts
	Buchstaben	
	Wortklang	
	lesen	
	singen	
	Sprachgefühl	
	schreiben	

Im Unterschied zu Satzbau und Wortbedeutung wird die Satzmelodie vor allem in der rechten Hemisphäre verarbeitet – also derjenigen Hirnhälfte, die sich eher auf emotionale Informationen konzentriert. Um gesprochene Sprache effektiv zu verarbeiten, müssen daher linke und rechte Hemisphäre eng zusammenarbeiten. (Angela D. Friederici)[2]

Stell dir einen Bodybuilder vor, der ständig nur seinen linken Arm trainiert. Dieser Arm wird kräftig und muskulös. Was wird passieren, wenn er eine große schwere Kiste heben soll? Eine Kiste, die zu groß ist, um sie mit einer Hand zu heben? Einfacher wäre es sicher, wenn er beide Arme trainiert hätte.

Genauso ergeht es dem motivierten Schüler, der schnell und gut Französisch sprechen möchte. Er lernt brav Vokabeln auswendig, studiert Grammatikregeln und versucht eine Logik in der fremden Rechtschreibung zu erkennen. Alle diese Bereiche werden durch die linke Gehirnhälfte gedeckt. Seine linke Gehirnhälfte muss sehr hart arbeiten, während die rechte Hälfte kaum mithelfen kann. Der motivierte Schüler kann sich eine Menge Arbeit ersparen, indem er seine rechte Gehirnhälfte ins Spiel bringt. Darum wollen wir uns in diesem Buch vor allem auf diese Seite konzentrieren: auf unser Sprachgefühl! Unser Ziel ist, möglichst kreativ und fantasievoll an die neue Sprache heranzugehen, um später „aus dem Bauch heraus" mit ihr umgehen zu können.

Der spielerische Ansatz soll nicht nur Spaß machen, sondern auch unsere rechte Hemisphäre in Schwung bringen.

Übrigens: Da sich die Nervenbahnen kreuzen, steuert unsere rechte Gehirnhälfte die linke Körperhälfte und umgekehrt. Unsere Bewegungskoordination funktioniert sozusagen spiegelverkehrt. Worte und Zahlen werden in der linken Gehirnhälfte verarbeitet – da wundert es dich sicher nicht, dass die meisten Menschen mit der rechten Hand schreiben, oder?

Übrigens: Bei *Split-Brain-Patienten* wurde der Balken – also die Verbindung zwischen den beiden Gehirnhälften – getrennt. Dadurch können diese nicht mehr so gut miteinander kommunizieren. Betastet ein solcher Patient einen Gegenstand mit der rechten Hand, wird die Information in die linke Gehirnhälfte gesendet und so kann er ihn sprachlich benennen. Beim Betasten mit der linken Hand kann der Patient nicht sagen, um welchen Gegenstand es sich handelt. Aber er kann mit derselben Hand auf einen ähnlichen Gegenstand auf einem Foto zeigen.

Sprachareale

> *Wenn ich dich je vergesse,*
> *Jerusalem, dann soll mir die rechte*
> *Hand verdorren.*
> *Die Zunge soll mir am Gaumen*
> *kleben, wenn ich an dich*
> *nicht mehr denke.*
> *(Psalmen 137, 5–6)*

Zwei Gebiete in unserem Gehirn sind für die Sprachverarbeitung zuständig. Sie finden sich in der linken, dominanten Gehirnhälfte: das *Broca-Areal* und das *Wernicke-Areal*.

Broca-Areal: Sprachproduktion

Dank des Broca-Areals können wir Sprache produzieren, also sprechen. Wenn wir einen Satz sagen wollen, finden wir dank des Broca-Areals die richtigen Worte. Es hilft uns auch, Begriffe richtig auszusprechen und grammatikalisch einwandfreie Sätze zu bilden.

Übrigens: Das Broca-Areal besteht aus vier Teilen mit unterschiedlichen Aufgaben:

- Wort-Assoziationen
- Wenn-dann-Bedingungen
- Reihenfolge, Sequenz
- Output (Mundbewegung ...)

Wernicke-Areal: Sprachverständnis

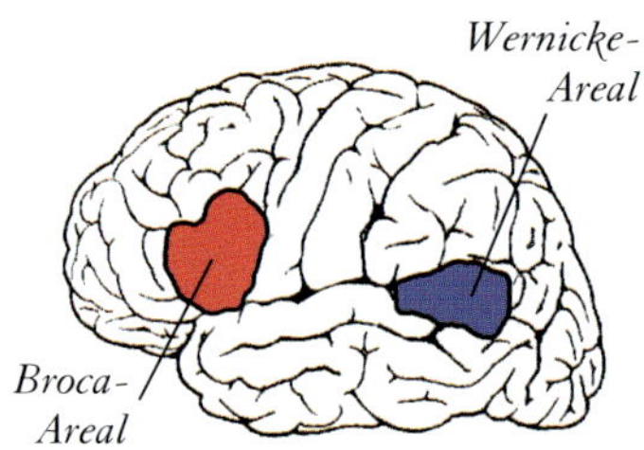

Im Gegensatz dazu liegt die Aufgabe unseres Wernicke-Areals darin, Sprache zu verstehen. Dank diesem Gebiet können wir also miteinander kommunizieren und zusammenhängende Worte als Satz verstehen. Dieses Areal sorgt auch dafür, dass das, was wir sagen, inhaltlich Sinn macht. Übrigens: Was glaubst du sind die Folgen, wenn durch einen Unfall oder Schlaganfall eines der beiden Gebiete beschädigt wird? Patienten, deren Broca-Areal betroffen ist, können dich problemlos verstehen, aber nur stotternd antworten. Sie haben ständig das Gefühl, dass sie wissen, was sie sagen wollen, es aber nicht „rausbekommen". Umgekehrt reden Patienten mit Schädigung des Wernicke-Gebiets ungestört vor sich hin, nur halt leider völlig sinnlose Worte. Sie können dich auch nicht verstehen, wenn du mit ihnen sprichst. Für diese Patienten scheint es, als ob alle um sie herum (sie selbst eingeschlossen) in einer fremden, unverständlichen Sprache sprechen.

Sprachen lernen und das Alter

Sprachen lernen hat mit dem Alter nichts zu tun. Entscheidend sind Freude am Lernen, Toleranz gegenüber anderen Kulturen und Schauspieltalent.

(Derick Herning)

Eine Hamburger Forschergruppe beschäftigt sich mit dem Thema Mehrsprachigkeit[3].

Kinder, die von klein auf zweisprachig aufwachsen, bilden andere Nervennetze aus als Spätlerner.

Während mehrsprachige Kinder dasselbe Nervennetz für mehrere Sprachen verwenden können, müssen spätere Sprachlerner auf andere Gehirnbereiche zurückgreifen. Aus diesem Grund ist es schwieriger, später eine Fremdsprache zu erlernen.

Was den Wortschatz angeht, kannst aber auch du an einen Frühlerner herankommen! Die Versuche in Hamburg haben nämlich gezeigt, dass selbst Menschen, die erst später mit dem Sprachenlernen begonnen haben, einen sehr umfassenden Begriffsvorrat haben können; vor allem, wenn sie längere Zeit im Ausland verbracht haben.

Schwieriger ist es mit der Aussprache. Denn kleine Kinder haben eine besonders ausgeprägte Lautwahrnehmung. Sie können verschiedene Töne besonders gut unterscheiden. Im Laufe unseres Lebens wird diese Fähigkeit aber immer schlechter, weil die entsprechenden Gehirnbereiche für andere Aufgaben genützt werden.

Positive Nachricht gibt es, was das Verständnis einer Fremdsprache angeht: Auch hier schnitten Spätlerner erstaunlich gut ab. Das bedeutet, dass du, wenn du eifrig arbeitest, jede Sprache problemlos verstehen kannst.

TRAVEL
CAFFE SHOP
YOUR
AND
APPITITE
انا فتحنالك

Sprachen – Languages – Langues – Taal – Sprog …

Die Vielfalt der Sprachen

Sie können in jeder Sprache einkaufen; aber verkaufen müssen sie in der Sprache ihrer Kunden.

(Paul Simon)

Die Verschiedenheit der Sprachen besteht in mehr als einer bloßen Verschiedenheit der Zeichen, die Wörter und Wortfügungen bilden und bestimmen zugleich Begriffe … mehrere Sprachen sind in der Tat mehrere Weltansichten.

(Humboldt)

Sprachen der Welt

Es ist nicht so einfach, alle Sprachen dieser Erde zu zählen. Denn nicht immer ist deutlich, ob es sich bloß um einen Dialekt oder tatsächlich um eine eigene Sprache handelt. Sprachforscher schätzen die Zahl auf etwa fünftausend; fünftausend verschiedene Sprachen mit den unterschiedlichsten Vokabeln, Grammatikregeln, Betonungen und Eigenheiten!

Die Anzahl der Möglichkeiten ist grenzenlos, und Sprache nimmt verschiedenartigste Formen an. Sprachen benennen unsere Umwelt.

Lebewesen und Gegenstände bekommen Namen. Diese Namen müssen wir als „Vokabel" lernen, wollen wir eine neue Sprache erlernen. Wir können diese Namen nicht immer als einfache Übersetzungen lernen. Etwas, wofür wir nur einen einzigen Namen haben, kann in einer anderen Sprache zahlreiche verschiedene Bedeutungen haben.

So haben die *Inuit* (Eskimos) mehr als 50 verschiedene Begriffe für Schnee und Eis:[4]

1. *siku*: Seeeis, in der Mehrzahl Treibeis
2. *sikursuit*: Packeis (große Fläche Eis in Bewegung)
3. *sikuliaq/sikurlaaq*: neues Eis
4. *nutaaq*: solide Eisdecke
5. *sikuaq*: dünnes Eis
6. *sikurluk*: schmelzendes Eis
7. *iluliaq*: Eisberg
8. *ilulisap itsirnga*: der Teil des Eisbergs, der unter der Wasserlinie ist
9. *nilak*: (ein Stück) Frischwasser-Eis

10. *issinnirit*, pl.: gestrandete Eisblöcke
11. *sirmiq*: Gletscher; Eis, das sich auf Objekten formt
12. *sirmirsuaq*: Inland-Eis

13. *sullarniq*: Schnee, der hineingeblasen wird (z. B. in den Eingang eines Hauses)
14. *qaqurnaḳ/ḳanirniq/ḳaniq*: (Rau-)Reif
15. *iluq*: Frost an einer inneren Fläche (z. B. Fenster), Eisblumen
16. *pujuraḳ/pujuq ḳanirnartuq*: eisiger Nebel
17. *nataqqurnat*: Hagel
18. *aput*: Schnee (am Boden)
19. *aput sisurtuq*: Lawine
20. *aput masannartuq*: Schneematsch (am Boden)
21. *qaniit*: Schnee (in der Luft), fallend
22. *qaniḳ*: Schneeflocke
23. *nittaalaq*: „Luft, dick mit Schnee"
24. *nittaallat*, pl.: Schneeflocken
25. *nittaalaq nalliuttiqattaartuq*: Schneegestöber
26. *nittaalaaqqat*, pl.: harte Schneekörner
27. *qanipalaat*: federnartig fallender Schnee
28. *apirlaat*: neu gefallener Schnee
29. *puḳaḳ*: Schneekruste
30. *qannirsuq/nittaatsuq*: Schneewetter
31. *pirsuq/pirsirsursuaq*: Schneesturm
32. *iluitsuq*: große Eisplatte (treibend)
33. *apusiniq*: Schneetreiben
34. *puttaaq*: Treibeis, Eisscholle
35. *maniillat/ingunirit*, pl.: hügeliges Eis, zerfurchtes Packeis
36. *ḳassuq*: treibender Eisblock
37. *anarluḳ*: schmutziger Klumpen Gletschereis
38. *qaannuq*: Eisfuß (klebt am Schuh)
39. *ḳusugaq*: Eiszapfen
40. *imarnirsaq/ammaniq*: Spalte in Seeeis
41. *imaviaq*: offenes Wasser mitten in Eis
42. *quppaq*: Leitung (navigierbarer Spalt) in Seeeis
43. *qinuq*: schmelzendes Eis auf See
44. *imaliḳ*: nasser, fallender Schnee
45. *aaḳḳarniq*: schmelzendes Eis, bildet Bäche

46. *aputitaq*: Schneefleck (auf Berg etc.)
47. *putsinniq/puvvinniq*: nasser Schnee über Eis
48. *manirak*: glatte Eisfläche
49. *quasaliaq*: schneefreie Eisfläche
50. *tuaq:* ein Block altes Eis, eingefroren in neues Eis
51. *nutarniq*: neues Eis, das sich in einer Spalte alten Eises gebildet hat
52. *naggutit*, pl.: treibende Eisbrocken
53. *mangiggal/mangikaajaaq*: harter Schnee
54. *masaaraq*: kleine Eisplatte (nicht groß genug, um darauf zu stehen)
55. *siirsinniq*: Eis, das über einen teilweise gefrorenen Fluss etc. anwächst (von Wasser, das an die Oberfläche durchsickert)
56. *tiggunnirit*: zusammengefrorene, übereinander geschichtete Eisplatten
57. *nunataq*: Bergspitze, die durch Inland-Eis ragt
58. *uukkarnit*: Eis an der Grenze des Gletschers
59. *sinaaq*: Eis an der Grenze zum Meer

Vielleicht wirst du während deines nächsten Skiurlaubs wieder an diese Liste denken: wenn du über eine *manirak* gleitest und verzweifelt auf *apirlaat* wartest.

In West-Guatemala wird *Mam* gesprochen. In dieser Sprache gibt es zahlreiche verschiedene Begriffe für „liegen". Die folgende Liste ist nur eine Auswahl der vielen verschiedenen Möglichkeiten. Denn ein *Mam*-Sprecher unterscheidet nicht nur, wer oder was liegt, sondern auch in welcher Position.[5]

1. *mutsl* Er liegt auf dem Bauch.
2. *pakl* Er liegt auf dem Rücken.
3. *tsalts* Er liegt auf der Seite.
4. *qinl* Er liegt ausgestreckt.
5. *leql* Er liegt ausgestreckt (möglicherweise vergiftet).
6. *kutsl* Er liegt alleine in einem Haus (wahrscheinlich krank).

Eine neue Sprache beherrschen bedeutet also nicht nur, Vokabeln zu können. Mit einer neuen Sprache lernen wir gleichzeitig eine neue Kultur kennen. Begriffe können für andere Völker ganz andere Bedeutungen haben als für uns. Es geht nicht alleine darum, der Umwelt neue Namen zu geben, sondern auch darum, sie mit neuen Augen zu erkennen.

Der Turm von Babel

Warum gibt es eigentlich so viele verschiedene Sprachen? In der Bibel finden wir die Geschichte vom Turm zu Babel. Laut dieser wollten die Menschen einen Turm bauen, der so hoch ist, dass er bis in den Himmel reicht. Gott verhinderte dies:

God woke, but the nightmare
Did not recede. Word by word
The tower of speech grew.
He looked at it from the air
He reclined on.
One word more and
It would be level with him.
(R. S. Thomas: The gap)

Der Turmbau zu Babel:

Alle Menschen hatten die gleiche Sprache und gebrauchten die gleichen Worte. Als sie von Osten aufbrachen, fanden sie eine Ebene im Land Schinar und siedelten sich dort an.

Sie sagten zueinander: Auf, formen wir Lehmziegel, und brennen wir sie zu Backsteinen. So dienten ihnen gebrannte Ziegel als Steine und Erdpech als Mörtel. Dann sagten sie: Auf, bauen wir uns eine Stadt und einen Turm mit einer Spitze bis zum Himmel, und machen wir uns damit einen Namen, dann werden wir uns nicht über die ganze Erde zerstreuen.

Da stieg der Herr herab, um sich Stadt und Turm anzusehen, die die Menschenkinder bauten. Er sprach: Seht nur, ein Volk sind sie, und eine Sprache haben sie alle. Und das ist erst der Anfang ihres Tuns. Jetzt wird ihnen nichts mehr unerreichbar sein, was sie sich auch vornehmen. Auf, steigen wir hinab, und verwirren wir dort ihre Sprache, sodass keiner mehr die Sprache des anderen versteht.

Der Herr zerstreute sie von dort aus über die ganze Erde, und sie hören auf, an der Stadt zu bauen. Darum nannte man die Stadt Babel (Wirrsal), denn dort hat der Herr die Sprache aller Welt verwirrt, und von dort aus hat er die Menschen über die ganze Erde zerstreut.
(Genesis 11, 1–9)

Vielleicht liegt es in der Natur der Sprache, sich zu verändern und verschiedene Formen anzunehmen?

Veränderungen im Laufe der Zeit

Das *Deutsch*, das wir heutzutage sprechen, unterscheidet sich völlig von jenem der Ritterzeit. Selbst wenn du Bücher liest, die „nur" hundert Jahre alt sind, begegnest du Ausdrücken, die wir heute kaum mehr verwenden. Im Laufe der Jahre kommen neue Begriffe hinzu, andere „veraltern".

Wie meinst du, wird die Sprache der Zukunft aussehen? Glaubst du, dass das Internet, SMS und E-Mails etwas zur Veränderung der Sprache beitragen? Ist dir auch aufgefallen, wie viele englische Begriffe sich in unseren Alltag eingeschlichen haben? Liest jemand in hundert Jahren dieses Buch, wird er wahrscheinlich auch auf Ausdrücke stoßen, die er „altmodisch" findet.

Dialekt (Mundart)

Innerhalb einer Sprache gibt es zahlreiche Dialekte, Mundarten. Fährst du nach Vorarlberg, hörst du ein ganz anderes Deutsch als in Hamburg. Briten, Iren, Schotten, Amerikaner und Australier, alle sprechen sie Englisch – und doch unterscheiden sich ihre Sprachen. Manchmal sind die Unterschiede so groß, dass wir einander nicht verstehen, obwohl wir offiziell „dieselbe Sprache" sprechen.

Jargon (Umgangssprache)

Sprichst du nicht auch anders mit deinen Eltern als mit Freunden auf einer Party? Verwendest Du im feinen Restaurant andere Ausdrücke als am Fußballplatz?

Ohne es zu wissen, sprechen wir viele verschiedene Sprachen! Du hast also bereits als Kind „Fremdsprachen" gelernt. Jetzt kannst du dir sicher gut vorstellen, wie leicht verschiedenste Sprachen entstehen konnten. Je nachdem, in welchem Umfeld wir uns befinden, sprechen wir andere Sprachen. So entwickelt sich zunächst ein Jargon, danach ein Dialekt – und wer weiß, vielleicht sind auf diesem Weg auch verschiedene Sprachen entstanden!

Wozu lernen wir fremde Sprachen?

Beantworte die Fragen auf dieser Seite schriftlich – trage die Antworten in dein Kreativheft ein: Warum liest du dieses Buch?

Sprachen, die ich spreche:

Welche Sprachen sprichst du? Wie hast du sie erlernt? Wie oft und warum wendest du sie aktiv an? Warum hast du sie gelernt?

Nimm dir für jede Antwort ein paar Minuten Zeit und beantworte die Fragen so ausführlich wie möglich. Beginne mit deiner/deinen Muttersprache/n!

Kreise diejenige Sprache in deiner Lieblingsfarbe ein, die du gerne besser können würdest!

Sprachen, die ich sprechen werde:

Welche Sprachen möchtest du in deinem Leben noch lernen? Warum?

Es gibt motivierendere Gründe, eine Sprache können zu wollen, als die nächste Schularbeit.

Consider the grasshopper which has to choose between six messages in its chirps:[6]

- Isn't life good!
- You're trespassing on my territory.
- Would you like to make love?
- I feel like making love.
- She's mine.
- How nice to have made love!

Sprache ermöglicht uns zu denken. Dank Worten können wir unsere Gedanken ordnen und formulieren. Je differenzierter (also anspruchsvoller und verfeinerter) wir sprechen, desto kritischer und genauer können wir auch denken. Ein umfangreicher Wortschatz erlaubt dir auch umfassendere Gedanken.

Sprache ist auch eine Ausdrucksform der Kreativität. Romane, Theaterstücke, auch Comichefte sind Beispiele, wie Fantasie und Ideen in Sprache umgewandelt werden können. Über diesen Weg sorgt sie auch für Unterhaltung und Entspannung.

Sprache dient der Kommunikation. Informieren, Diskutieren und Gedanken austauschen, Pläne absprechen, Gefühle vermitteln. Stell dir vor, was wir alles vermissen würden, könnten wir uns nur mit Händen und Füßen unterhalten! Es wäre doch schade, wenn dir alle diese Vorteile im Ausland entgehen, bloß weil du nur deine Muttersprache sprichst.

Genieße Sprache

Sprichst du gerne? Hörst du gerne zu? Liest du gerne? Schreibst du gerne? Denkst du gerne nach? Eine Sprache lernst du, indem du sprichst, liest und zuhörst. Kurz: indem du sie anwendest! Deine Muttersprache ist der Grundstein für alle weiteren Sprachen. Jemand, der immer eher ruhig ist und nicht so viel spricht, wird im Ausland auch keine großen Reden schwingen.

Wenn du Sprachen lernen willst, fängst du am besten bei deiner Muttersprache an! Sprich viel! Unterhalte dich mit verschiedenen Leuten! Diskutiere! Achte auf verschiedene Dialekte! Höre gut zu! Sieh kritisch fern! Hör aufmerksam Radio! Sammle neue Begriffe und Ausdrucksweisen! Lies oft! Denk über das Gelesene nach!

Beachte neue Worte und Redewendungen! Schreibe mehr als nur SMS! Schlage nach, wenn du über die Schreibweise eines Wortes unsicher bist oder einen bestimmten Fachausdruck suchst! Lass deine Sprache bunt und vielseitig werden! Genieße Sprache!

Je besser du deine eigene Sprache sprichst, desto leichter wirst du Zusammenhänge mit anderen Sprachen erkennen. Hat unser Gehirn einmal den Umgang mit einer Sprache gelernt, ist es ein Leichtes, auch den Umgang mit weiteren Sprachen zu erlernen. Je mehr Sprachen du kannst, desto einfacher kannst du dir weitere Sprachen aneignen.

Sprachgefühl

> *Wer geht, erinnert sich an das Gehenkönnen – doch diese Erinnerung ist nicht bewusst – man versetzt sich nicht zurück in die Zeit, als man gehen lernte, sondern man geht, als wäre man schon immer gegangen; genauso pflegt man Umgang mit den Wörtern – als hätte man sie schon immer gekannt.*
>
> *(P. Valéry)*

Lernumgebung

Wie hast du deine Muttersprache gelernt? Unbewusst, nebenbei. Kein Kleinkind sitzt mit Vokabelheft im Laufstall und sagt irgendwelche Wortfolgen auf. Es ist einfach von seiner Muttersprache umgeben. Seine natürliche Neugier, Lernfreudigkeit und Spaß am Nachahmen erledigen den Rest. Warum hast du als Kind Deutsch (bzw. deine Muttersprache) und nicht Grönländisch gelernt? Ganz klar, weil deine Eltern Deutsch geredet haben und du ständig von der Sprache umgeben warst. Wenn ein Kind nie Grönländisch hört, wird es auch nicht Grönländisch lernen. Genauso wirst du aber auch nie Französisch lernen können, wenn du nie Französisch hörst bzw. liest.

Sprachkontakte

Denk an die Sprache, die du jetzt gerade lernen willst. Die folgenden vier Quadrate stehen für die Kontakte, die du mit ihr machst. Male sie mit vier verschiedenen Farben an. Wo hörst du die neue Sprache am häufigsten? Male dieses Feld voll aus. Die Gebiete, wo du kaum mit der Fremdsprache zu tun hast, werden auch nicht ganz ausgefüllt.

In der (Sprach-) **Schule**	**Selbststudium** (Hausübungen, aktives Lernen)	**Interessen, Hobbys** (Filme, Musik, Bücher ...)	**beruflich, zufällig** (Briefe, Touristen, Schilder ...)

Je mehr Kontakte du mit der neuen Sprache machst, desto schneller wirst du sie auch lernen. Kannst du deine Quadrate bereichern? Welche Gebiete kannst du in Zukunft intensiver gestalten?

Schaff dir eine geeignete Lernumgebung und umgib dich mit der Sprache, die du gerne lernen möchtest!

- Besorge dir Filme in der neuen Sprache, Hörspielkassetten, Musik, Lern-CDs ...
  - Im Internet kannst du sicher viel Material finden! Erkundige dich nach Musikgruppen, die in der gewünschten Sprache singen.
  - DVDs lassen sich oft auf verschiedene Sprachen einstellen. Wenn du Glück hast, findest du Filme in der Sprache, die du lernen möchtest.
- Bei vielen Lehrbüchern sind Kassetten oder CDs dabei. Sie eignen sich hervorragend, weil die Aussprache hier natürlich besonders deutlich ist und du schneller einzelne Wörter verstehen kannst.
- Verändere die Sprache deines Handys, deines Computers etc. Meist lassen sich mobile Telefone auf verschiedene Sprachen einstellen. Wähle die Sprache, die du gerade lernen möchtest!

Sprachmaterial
Welche Sprache lernst du gerade? Überlege dir, wie du zu Material in der Sprache kommen kannst!

Hören lernen

> *Das Problem war, dass ich nicht sagen konnte, was irrelevant war und was wichtig ...*
> *Ich konnte Lärm nicht von Signalen unterscheiden![7]*
> *(G. war lange Zeit taub gewesen, bevor er ein Hörgerät bekam.)*

Lass die neuen Laute eine Zeit lang auf dich einwirken! Höre dir die neue Sprache am Anfang einfach nur an. Es ist nicht schlimm, dass du nun noch nichts (oder nicht viel) verstehst. Dein Gehirn verarbeitet bereits unbewusst die Lautfolgen und Satzmelodie. Patienten, die früh ihr Gehör verlieren und dann mit einem Hörgerät ausgestattet werden, müssen auch erst lernen, welche Töne entscheidend sind.

Um sprechen zu können, müssen wir zunächst hören lernen! Höre die neue Sprache so oft wie möglich „nebenbei". Kassetten und CDs eignen sich für unterwegs, z. B. im Auto. Du kannst sie auch im Hintergrund (beim Zusammenräumen, Zeichnen, Computerspielen ...) laufen lassen. Höre dir die Kassetten während des Einschlafens an. Zu diesem Zeitpunkt ist dein Gehirn besonders aufnahmefähig.

Mit der Zeit wirst du einzelne Worte oder Phrasen verstehen oder zumindest immer wiederkehrende Lautfolgen behalten. Diese unbewusste Phase ist ein vorbereitendes Training für deine rechte Gehirnhälfte. Sie kann sich so auf die Farbe der neuen Sprache einstellen. Dieses intuitive Wissen wird dir später hilfreich sein, wenn du die Sprache selber anwenden willst. Deine rechte Gehirnhälfte kann dir dann helfen, die richtige Satzmelodie und den richtigen Tonfall zu finden, und deine Aussprache klingt authentischer.

Aber auch dein Wortschatz erweitert sich durch das unbewusste Hören, und du wirst später viel mehr Wörter gefühlsmäßig richtig interpretieren.

Mehr als nur Gefühl

Sobald du dich in die neue Sprache „hineingehört" hast, bemühe dich, immer mehr Worte herauszupicken und zu verstehen.

Nimm dazu die geschriebenen Texte zu deiner Sprachkassette bzw. -CD heran und lies mit! Du wirst sicher viele Wörter erkennen, wenn du sie gleichzeitig lesen und hören kannst.

Achte auf markante Phrasen! Welche Wortfolgen sind besonders deutlich und kommen immer wieder vor? Streiche alle Wörter farbig an, die du schon verstehst! Du kannst dieselben Geschichten immer wieder hören, bis fast der ganze Text farbig leuchtet.

Gedankenkino

In deiner Fantasie bist du König.

Lies folgende Zeilen laut vor:

Ein Zweibein sitzt auf einem Dreibein und isst dabei ein Einbein. Da kommt ein Vierbein und nimmt dem Zweibein das Einbein weg.[8]

Verdecke die Zeilen mit deiner Hand. Könntest du die Sätze wiedergeben? Das war nicht so einfach? Versuche es mit dem nächsten Satz:

Ein Mensch sitzt auf einem Hocker und isst eine Hühnerkeule. Da kommt ein Hund und nimmt dem Menschen die Hühnerkeule weg.

Warum fällt es dir wohl leichter, die zweite Geschichte im Kopf zu behalten? Wenn wir uns ein Bild zu einem Begriff machen, kann unser Gehirn ihn besser verarbeiten und leichter speichern!

Leider verlernen wir im Laufe unseres Lebens, uns Bilder zu machen. Dir ist vielleicht auch schon aufgefallen, wie lebhaft die Fantasie von kleinen Kindern noch ist. Sie können sich die lustigsten Geschichten und Namen ausdenken und sich darüber kringelig lachen. Wenn du ihnen ein Märchen erzählst, kannst du ihren Gesichtern ansehen, wie sie die Geschichte mit ihrem inneren Auge mitverfolgen.

Zum Glück können wir das Bildermachen trainieren und uns die Fähigkeit, die wir früher ganz selbstverständlich hatten, zurückholen!

Gedankenkino 1

Am einfachsten ist es, als Drehbuch für deinen ersten Gedankenkinofilm einen Dialog zu wählen. Suche dir einen kurzen Dialog aus, den du schon halbwegs verstehen kannst.

Schalte das Band ein und höre dir den ersten Satz an. Drücke auf die Pause-Taste, bevor der zweite Sprecher beginnt. Versuche dir die erste Person vorzustellen. Handelt es sich um eine Frau oder einen Mann? Wie alt schätzt du den Sprecher ein? Welche Figur könnte zu der Stimme passen? Hat der Tonfall eine bestimmte Gemütslage verraten?

Sobald du die Person vor dir sehen kannst, lass das Band weiterspielen. Drücke wieder auf die Pause-Taste, nachdem die zweite Person gesprochen hat. Kannst du dir auch diesen zweiten Sprecher vorstellen? Welche Kleidung trägt er?

Sobald du allen Personen, die in dem Dialog vorkommen, ein Gesicht und eine Figur gegeben hast, wage dich an die Umgebung heran. Gibt es Hintergrundgeräusche, die verraten, wo sich die Personen befinden? Manchmal verrät auch eine einleitende Regieanweisung den Ort des Geschehens.

Füge all deine Ideen zu einem Bild zusammen. Um dein Gedankenkino noch lebhafter zu gestalten, kannst du dir auch passende Hintergrundgeräusche oder sogar Gerüche vorstellen. Denke auch daran, dass Farben das Bild bunter und sehenswerter machen. Hör dir nun langsam den Rest des Dialoges an. Es ist erlaubt, regelmäßig auf die Pause-Taste zu drücken oder auch zurückzuspulen! Denk daran, deinen Schauspielern ausreichend Bewegung zuzuschreiben. Wie verhalten sie sich zueinander? Wie ändert sich ihre Körperhaltung im Laufe des Filmes? Zoome sie auch ab und zu näher heran und gib ihnen ausdrucksstarke Gesichtsausdrücke!

Gedankenkino 2

Wähle als Drehbuch für deinen zweiten Gedankenkinofilm einen kurzen Text aus deinem Sprachbuch. Beginne damit, dir den ersten Absatz anzuhören, und drücke anschließend auf die Pause-Taste.

Gestalte zunächst das Bühnenbild für deinen Film. Wo spielt die Handlung? Stell dir vor, dass du mit einem Hubschrauber langsam auf die Szene zufliegst. Zunächst siehst du eine Landkarte, die zeigt, in welchem Land und in welcher Stadt wir uns gleich befinden werden. Schließlich fliegst du näher an den Ort des Geschehens heran und lässt ihn detailreich und deutlich werden. Du kannst für diesen Beginn natürlich eine geeignete Hintergrundmusik wählen.

Jetzt darf die Handlung beginnen! Deiner Fantasie sei keine Grenzen gesetzt. Hör dir die Geschichte langsam an und stoppe den Textfluss regelmäßig, um deine Bilder zu aktualisieren. Du wirst übrigens merken, dass du bald viel seltener auf die Pause-Taste drücken musst und die Bilder immer schneller und lockerer auftauchen.

Oscar

Mittlerweile bist du schon ein professioneller Gedankenkino-Regisseur. Arbeite jetzt daran, für deinen ersten Oscar nominiert zu werden.

Filmriss: Betrachte deine Filme kritisch. Hast du dir wirklich die ganze Zeit Bilder gemacht? Kannst du tatsächlich die ganze Handlung mitverfolgen, oder gibt es einige Lücken?

Bildschirmschoner: Hast du wirklich einen Film gedreht oder bloß einen Bildschirmschoner produziert? In deinem Film muss etwas passieren. Vor allem bei Dialogen kann es leicht passieren, dass du den ganzen Film lang bloß zwei Personen siehst, die sich gegenübersitzen und miteinander reden. Das würde die Kinobesucher nicht gerade begeistern. Wenn nicht viel Bewegung in den Sprechern ist, kannst du ja das Gesagte verfilmen! Sobald einer der beiden zu erzählen beginnt, richtet sich die Kamera auf den Inhalt dieser Geschichte.

Fast wie im Ausland

Eine Sprache lernt man am besten im entsprechenden Land.

Klar, wenn du eine Fremdsprache wirklich gut beherrschen willst, musst du sie auch im Ausland erproben. Ist man in einem anderen Land ständig mit einer fremden Sprache umgeben, lernt man zwangsläufig viel schneller.

Was aber, wenn es gerade nicht möglich ist, zu reisen?

Fremdsprachen-Tag

Kreiere dein eigenes fremdes Land um dich herum! Wähle einen „Fremdsprachen-Tag“ pro Woche, an dem du versuchst, die neue Sprache so oft wie möglich einzusetzen. Das bedeutet, dass du diesmal etwas langsamer durch die Straßen spazierst. Unterwegs stellst du dir vor, du befindest dich im Ausland. Wie würde der Bäcker nun heißen? Benenne alles, was du siehst! Es gibt Mini-Wörterbücher, die du immer bei dir tragen kannst. Wenn dir ein Begriff nicht einfällt, kannst du so schnell nachschlagen. Lass aber genügend Zeit verstreichen, bevor du das nächste Wort suchst, ansonsten bist du den ganzen Tag damit beschäftigt, im Wörterbuch zu blättern.

Sprachgedanken

Versuche auch in der fremden Sprache zu denken! Wenn du an deinem Fremdsprachen-Tag jemanden nach der Uhrzeit fragst, überlege dir gleich, wie du das in der neuen Sprache tun würdest. Übersetze so für dich alle kleinen Gespräche, die du an diesem Tag führst. Beginne mit einfachen Sätzen. Kommentiere die Umwelt kurz in deinen Gedanken. *„Das ist schön ...“, „Ich bin müde ...“, „Wo ist die Busstation?“, „Idiot!“* ... Vielleicht fallen dir passende Sätze von deiner Sprachkassette ein?

Herausforderung

Wage dich in deiner neuen Sprache an die „erwachsene“ Sprache heran. Schau dir Filme an, auch wenn du nicht jedes Wort verstehst. Versuche Bücher in der Originalfassung zu lesen. Am Anfang wird dir das Lesen wahrscheinlich noch schwer fallen, aber du wirst erstaunt sein, wie schnell du dich „hineinliest“.

Möglicherweise kannst du dir auch fremdsprachige Zeitungen besorgen. Falls dir das doch zu schwer ist, beginne mit Comicheften oder Kinderbüchern. Wichtig ist, dass du möglichst viel liest oder hörst. Du musst nicht alles sofort hundertprozentig verstehen.

Wortschatz

Schatzkisten

As the cold stream gushed over one hand she spelled into the other the word water, first slowly, then rapidly ... and somehow the mystery of language was revealed to me. I knew then that „w – a – t – e – r" means the wonderful cool something that was flowing over my hand. That living word awakened my soul, gave it light, hope, joy, set it free! ... Everything had a name, and each name gave birth to a new thought."

(Helen Keller)

Sie war von ihrem zweiten Lebensjahr an taub und blind, und erst mit sechs Jahren konnte sie begreifen, was Worte sind, als ihre Lehrerin ihre Hand unter einen kalten Wasserstrahl hielt.

In diesem Kapitel findest du ein paar Ideen, wie du deinen Wortschatz erweitern kannst. Es handelt sich wirklich um einen Schatz! Ein vielseitiger Begriffsvorrat ist nicht nur hilfreich, um Texte oder Dialoge zu verstehen. Dank deines Wortschatzes kannst du dich abwechslungsreich und genau ausdrücken. Du hast übrigens gleich zwei Schatzkisten in Deinem Sprachgehirn:

Der aktive Wortschatz

Das sind all die Worte, die du so gut kennst, dass du sie auch selber einsetzen kannst. Wenn du frei reden oder schreiben möchtest, verwendest du Begriffe aus deinem aktiven Wortschatz.

Der passive Wortschatz

Hierbei handelt es sich um jene Ausdrücke, die du nur verstehen kannst, aber selber nie einsetzt. Dein passiver Wortschatz ist um einiges umfangreicher als die andere Schatzkiste, vor allem wenn du die Übungen zum Training deines Sprachgefühls regelmäßig durchführst und dich häufig mit der entsprechenden Sprache umgibst.

Wir wollen beide Schatzkisten auffüllen! Viele Begriffe wandern mit der Zeit vom passiven zum aktiven Wortschatz über. Das bedeutet, dass du, auch wenn du nur nebenbei Musik in einer fremden Sprache hörst, schon damit beschäftigt bist, Vokabeln zu lernen. Je öfter du eine Sprache hörst, desto umfangreicher wird dein passiver Wortschatz. Ein großer passiver Wortschatz ermöglicht mehr Begriffen in den aktiven Wortschatz überzugehen.

Vokabeln lernen – aber wie?

Wir haben, als wir unsere Muttersprache gelernt haben, auch keine Vokabeln gelernt. Aber wir waren auch jahrelang damit beschäftigt, sprechen zu lernen. Darum ist es, wenn wir eine neue Sprache lernen wollen, schon sinnvoll, Vokabeln zu lernen. Denn so können wir unsere Schatzkisten schneller füllen und den Lernprozess beschleunigen. Aber Vokabellernen muss kein mühsames Auswendiglernen scheinbar sinnloser Silben sein. Du findest hier einige Strategien, mit denen du deine Schatzkisten kreativ und mit Spaß füllen kannst.

Achtung!

Vermeide es, Vokabellisten auswendig zu lernen! Mit der Zeit glaubst du, dass du die Worte beherrschst, weil du sie der Reihe nach aufsagen kannst. Sobald sie aber in einem anderen Zusammenhang gefragt werden, ist alles wie weggeblasen.

Lerne Vokabeln nicht als „Übersetzungen"! Sonst denkst du immer in deiner eigenen Sprache und musst, willst du später selber frei einen Text schreiben, mühsam Vokabel für Vokabel in die neue Sprache übersetzen. Das ist sehr zeitaufwändig und es wird dir schwer fallen, charakteristische Phrasen und den typischen Tonfall der fremden Sprache zu verwenden. Außerdem haben Wörter ja oft verschiedene Bedeutungen. Ein Vokabel hat im Satzverband möglicherweise einen ganz anderen Sinn als in deinem Vokabelheft.

Die Vergessenskurve nach Ebbinghaus

Der deutsche Psychologe *Hermann Ebbinghaus* (1850–1909) experimentierte mit seinem eigenen Gedächtnis. Er lernte Reihen von sinnlosen Silben (*trop, sup, knas* ...) auswendig und hielt fest, wie lange sie im Gedächtnis blieben. Er musste feststellen, dass er schon nach zwei Stunden wieder mehr als die Hälfte der Silben vergessen hatte. Dieses Experiment zeigt, wie schlecht unser Gehirn darin ist, sinnlose Informationen zu behalten. Ebbinghaus hat auch festgestellt, dass es einfacher ist, Silbenreihen auswendig zu lernen, die Bedeutung haben. Selbst wenn die Reihen nur einen Funken Sinn ergeben, können wir sie bis zu zehnmal leichter und länger behalten. Das bedeutet für uns, dass es schwierig ist, Vokabellisten zu lernen, die für uns nichts anderes als aneinander gereihte Silben darstellen. Wir müssen den Begriffen Sinn geben und einen Bezug zu ihnen finden! Übung: Beantworte die Fragen so schnell wie möglich:

Hund	Wie viele Silben hat dieses Wort?	
Mozart	In welchem Jahrhundert lebte diese Person?	
Sessel	Finde ein Synonym für dieses Wort.	
Urlaub	Kommt dieses Wort im Wörterbuch vor dem Wort „Urgestein"?	
tanzen	Wie viele Buchstaben hat dieses Wort?	
Ameise	Schreibe dieses Wort rückwärts!	
Mond	Ordne die Buchstaben dieses Wortes nach dem Alphabet.	
Amerika	In welchem Jahr entdeckte Kolumbus dieses Land?	
Sandstrand	Wie lautet der fünfte Buchstabe?	
Hoffnung	Kommt dieses Wort im Wörterbuch nach dem Wort „Ampel"?	
Weihnachten	In welchem Monat wird dieses Fest gefeiert?	
England	Warst du schon einmal in diesem Land?	
rot	Welcher Gegenstand in deiner unmittelbaren Umgebung hat diese Farbe?	
Bügeleisen	Wie oft kommt der Buchstabe „e" in diesem Wort vor?	
Freundschaft	Wie viele Konsonanten finden sich in diesem Wort?	
Brief	Hast du im letzten Monat einen Brief verschickt?	
Jugend	Wie lautet der zweite Buchstabe in diesem Wort?	
Herbst	Aus wie vielen Buchstaben besteht dieses Wort?	
Taschenrechner	Hast du einen Taschenrechner bei dir?	
Brot	Wie viel kostet 1kg Mischbrot?	

Versuche dich an so viele Begriffe wie möglich zu erinnern. Schreibe sie in dein Kreativheft, und blättere erst danach um.

Kontrolliere jetzt dein Ergebnis mit den folgenden beiden Listen. Kreise alle Begriffe der Gruppe 2 ein.

Gruppe 1:

- Hund
- Urlaub
- tanzen
- Mond
- Sandstrand
- Hoffnung
- Bügeleisen
- Freundschaft
- Jugend
- Herbst

Gruppe 2:

- Mozart
- Sessel
- Ameise
- Amerika
- Weihnachten
- England
- rot
- Brief
- Taschenrechner
- Brot

Die erste Gruppe umfasst diejenigen Worte, bei denen nach Struktur oder Wortform gefragt wurde, bei Worten der zweiten Gruppe hast du Fragen zur Bedeutung des Wortes beantwortet. Aus welcher Gruppe hast du mehr Worte behalten? Warum wohl?

Gedächtnis und Assoziation

Stell dir unser Gedächtnis wie eine riesige Lagerhalle vor. Alle Informationen werden – in Kisten und Dosen verpackt – in langen Regalen verstaut. Damit wir das Wissen später wiederfinden, sind die Kisten mit Bindfäden zusammengebunden und markiert. Wenn du etwas lernst, verknüpft sich dieses neue Wissen mit Erinnerungen. So sind alle zusammenhängenden Informationen miteinander verbunden. Diese Verknüpfung nennen wir *Assoziation*.

Wenn wir einen Baum sehen, werden alle Assoziationen geweckt, die mit diesem Begriff zu tun haben: Blüten, fallende Blätter, Schatten etc. – aber auch das Wort *Baum*, seine Aussprache und Schreibweise. Vokabel lernen bedeutet also, Assoziationen zu bilden. Ein neues Wort wird mit dem Bild Baum verknüpft! Assoziation lässt sich trainieren! Wir können üben, Begriffe und Bilder miteinander zu verknüpfen. Wir beginnen damit, zwei Begriffe, die nichts miteinander zu tun haben, miteinander zu verknüpfen: z. B.: Wiese und Bleistift.

Möglichkeiten für Assoziationsbilder:

- Auf einer Wiese wachsen statt Grashalmen lauter Bleistifte.
- Du zeichnest eine Wiese mit einem Bleistift.
- Du schreibst mit einem Grashalm statt mit einem Bleistift.
- Wir zeichnen mit dem Bleistift auf der Wiese.
- ...

Grundsätzlich gilt: Alles ist erlaubt, und je witziger ein Einfall ist, desto besser. Oft ist die erste Assoziation diejenige, die uns auch als Erstes wieder einfällt. Darum: **immer die erste Assoziation festhalten!**

Beim Assoziieren gibt es kein *richtig* oder *falsch*! Wahrscheinlich haben deine Freunde ganz andere Ideen als du. Meistens behalten wir unsere eigenen Einfälle am besten. Überleg dir also, wie **deine eigene Assoziation** aussieht! Kennst du das Wort *merkwürdig*?[9] Lass deine Ideen so komisch und merkwürdig wie möglich werden! Denn merkwürdig bedeutet nicht nur komisch, seltsam und eigenartig; merkwürdig bedeutet auch, dass die Bilder *würdig* werden, dass wir sie uns *merken*. Merkwürdig heißt also auch beachtlich, wichtig und bemerkenswert.

So kannst du deine Assoziationen noch wirksamer gestalten:

- Verwende kräftige Farben (auch in deinen Gedanken).
- Erlaube deinen Bildern, dass sie sich bewegen.
- Finde passende Geräusche, Lärm oder Musik.
- Kannst du Gerüche, Gestank, Düfte zu dem Bild assoziieren?
- Wichtige Begriffe können riesig groß werden.
- Wie fühlt sich das Bild an? (Wenn man auf einer Wiese aus Bleistiften läuft, pieksen die Spitzen die bloßen Füße.)
- Was würden die Gegenstände sagen, wenn sie sprechen könnten?
- Gib den Begriffen menschliche Züge. Lass sie aktiv werden!
- Humor! Du wirst merken, dass du dir lustige Bilder ganz besonders gut merken kannst.

Assoziationsbilder:
Übe das Assoziieren, verknüpfe folgende Begriffe miteinander! Denk daran, deine Verbindungen möglichst merkwürdig, fantasievoll und lustig zu gestalten!

Hase	Waschmaschine
Gürtel	Pfeil
Sage	Leine
Vogelfänger	Sieb
Kobold	Kino
Tannenbaum	Reiseführer
Schnee	Internet
Segelschiff	Shampoo
Heizung	Vogel
Hochschaubahn	Geburtstag

Meine Lieblingsassoziation
Zeichne hier das Assoziationsbild, das dir am besten gefallen hat.

Solltest du mehr Platz benötigen, zeichne in dein Kreativheft.

Assoziationsbilder – die Überprüfung

An wie viele Begriffe kannst du dich erinnern?

Hase	
	Pfeil
Sage	
	Sieb
Kobold	
	Reiseführer
Schnee	
	Shampoo
Heizung	
	Geburtstag

Hat diese Übung Spaß gemacht? Kannst du dir vorstellen, auf diese Art auch Vokabeln zu lernen?

Synonyme

Stell Dir eine Henne vor.

Wenn du an eine Henne denkst, werden in deinem Gedächtnis all die Assoziationen aktiviert, die du zu diesem Tier hast. So zum Beispiel auch das Wort *Huhn*. Du siehst, ein einziges Bild kann gleich zu mehreren Worten führen.

Solche Begriffe nennen wir *Synonyme* (sinnverwandte Worte, Begriffspaare). Wenn wir eine neue Sprache lernen, wollen wir Synonyme zu den Worten bilden, die wir bereits im Kopf haben.

Merkhilfen

Eselsbrücken

Schlüsselwörter

Verwende ähnlich klingende Wörter als Schlüsselwörter für deine Vokabeln! Assoziiere dein Schlüsselwort mit der Bedeutung des Vokabels! Beispiel:

Vokabel	Schlüssel-wort	Assoziationsbild
stamp (englisch: Briefmarke)	stempeln	Eine Briefmarke (stamp) wird gestempelt.
la vache (fanzösisch: die Kuh)	waschen	Die Kuh (wasch) wäscht sich.
soleo (Latein: Ich pflege.)	Sohle	Ich pflege (soleo) die Sohle meiner Schuhe.[10]

Anfangsbuchstaben

Es ist dir sicher auch schon passiert, dass dir bei einer Prüfung ein Begriff auf der Zunge liegt, aber einfach nicht einfallen will. Der hilfsbereite Lehrer verrät dir den Anfangsbuchstaben, und schon weißt du weiter. Unser Gehirn kategorisiert gerne nach den Anfangsbuchstaben. Mache dazu die nächste Übung.

Kategorisieren – wie unser Gehirn Worte einteilt
Schreibe zehn Begriffe nieder, die mit dem Buchstaben M beginnen:

1.	6. ....
2.	7. ....
3.	8. ....
4.	9. ....
5.	10. ....

Suche jetzt zehn Begriffe, die mit dem Buchstaben M enden:

1. .... 6. ....

2. .... 7. ....

3. .... 8. ....

4. .... 9. ....

5. .... 10. ....

Welche Übung ist dir leichter gefallen? Glaubst du, ist es besser, sich Eselsbrücken zu den Anfangs- oder zu den Endbuchstaben eines schwierigen Wortes zu merken?

Für viele Vokabeln findest Du Eselsbrücken, indem du Worte aus ihren Anfangsbuchstaben bildest. Beispiel:

Vokabel	Anfangs-buchstabe	Assoziationsbild
parents (englisch: Eltern)	Papa und Mama	Papa und Mama sind Eltern.
sausage (englisch: Wurst)	Sau-Fleisch	In den meisten Würsten ist Schweinefleisch.
comprendre (französisch: verstehen)	Komm bitte, versteh das endlich!	
lake (englisch: See)	Lacke	Ein See ist eine große Lacke.

Reime

Blättere zurück zu der Übung „Kategorisieren". Ordne die Worte, die mit M enden, in „Reimgruppen". Kreise Worte, die sich reimen, in derselben Farbe ein. Reimen sich viele Worte in deiner Liste? Was meinst du, eignen sich Reime gut oder schlecht für Eselsbrücken? Reime helfen uns also ebenfalls, gesuchte Worte zu finden. Nicht umsonst reimen sich also viele Eselsbrücken. Beispiel:

He she it, das S muss mit!

Linking like a hook and eye,
IN and OUT and FOR and BY.
Bird IN nest, and rose ON tree,
gift FOR you and sit BY me.

Vokabel	Reim	Assoziationsbild
Jern (dänisch: Eisen)	gern	Gern kaufe ich Eisen.
dress (englisch: Kleid)	kess	Das Kleid ist kess.

Achte auf die Details

Manche Sprachen sind sich sehr ähnlich. Darum kannst du einzelne Worte sehr einfach erkennen und verstehen. Konzentriere dich auf die Unterschiede, wenn du sie auch selber verwenden möchtest. Beispiel:

ship (englisch) – Schiff

ik (niederländisch) – ich

Jetzt an die Arbeit! Nimm dein Sprachbuch zur Hand und suche dir ein paar schwierige Worte aus. Finde geeignete Eselsbrücken!

Auf der nächsten Seite ist Platz für Zeichnungen, Merksprüche und Assoziationen. Mit Freunden macht das übrigens mehr Spaß, und gemeinsam kommt ihr auf viele lustige Ideen! Verrate deinen Kollegen die Eselsbrücken – vielleicht wissen sie ja auch welche für dich!

Meine Eselsbrücken:

Vokabel	Eselsbrücke	Assoziationsbild

Wortbilder

Das Auge darf mitraten! Fallen dir Merkbilder ein, die mit der Form des Wortes oder einzelner Buchstaben zu tun haben? Beispiel:

wem = 3. Fall, das *m* hat drei „Beine“.

wen = 4. Fall, das *n* hat zwei „Beine“ (ist eine gerade Zahl, wie 4).

Versuche Vokabeln so zu schreiben/zeichnen, dass die Übersetzung aus der Zeichnung klar wird!

murmure – Meeresrauschen

cheese – Käse

rain – Regen

window – Fenster

tool – Werkzeug

pencil – Bleistift

island – Insel

Meine Wortbilder
Finde ähnliche Beispiele für Vokabeln, die du aktuell lernen sollst. Verwende dein Kreativheft.

Zerlegen

Lange Wörter kannst du in Einzelstücke zerlegen. Jetzt kannst du leichter mit ihnen arbeiten.

Übersetzen

Übersetze die Teilwörter größerer Vokabeln, deine Ergebnisse sind sicher sehr lustig und „merkwürdig".

Eselsbrücken

Lass dir Eselsbrücken zu den Teilwörtern einfallen und verbinde sie miteinander, z. B.:

butterfly (englisch)	Schmetterling
butter *fly*	Butterfliege

cupboard (englisch)	Kasten
cup *board*	Tassenbrett

parapluie (französisch)	Regenschirm
para *pluie*	gegen Regen

Pantomime

Der Gründer der weltberühmten „Berlitz-Sprachschule", der Amerikaner *Maximilian D. Berlitz*, lernte bis zu seinem Tode im Jahre 1921 insgesamt fünfzig Sprachen.[11] Berlitz hat nicht nur Vokabellisten auswendig gelernt und mühsam Grammatikregeln gebüffelt. Sein Trick war, Worte mit Hilfe von Bewegungen und Gesten zu lernen. Den Satz *„I'm opening the window"* lernt man seiner Meinung nach am Effektivsten, wenn man gleichzeitig tatsächlich ein Fenster öffnet.

Vokabeln können auch gespielt werden. Versuche die entsprechenden Begriffe pantomimisch darzustellen! Vor allem Bewegungen, aber auch Gefühle, kannst du dir so besonders einprägsam merken. In der Gruppe macht das natürlich noch mehr Spaß!

Gefühle

Sammle Begriffe, die Gefühle ausdrücken (z. B.: glücklich, traurig, ängstlich ...). Lies die Worte in der entsprechenden Gemütslage laut vor. Nimm auch die richtige Körperhaltung an. Jemand, der fröhlich ist, sitzt anders als eine deprimierte Person. Setze kurz den entsprechenden Gesichtsausdruck auf. Wie klingt deine Stimme, wenn du überrascht, neugierig, wütend bist?

Bewegung

Singen, tanzen, lachen, laufen. Viele Vokabeln, die du lernen musst, beschreiben Bewegungen. Wenn du dir ein derartiges Wort einprägen willst, sprich es laut aus und führe gleichzeitig die entsprechende Tätigkeit aus.

Das Wetter[12]

Für diese Übung brauchst du einen Partner. Einer von euch schließt die Augen. Stelle die verschiedenen Wetterberichte auf seinem Rücken dar, z. B.:

Die Sonne scheint. (Streiche mit flacher Hand über seinen Rücken!)
Es regnet. (Klopfe mit deinen Fingerspitzen auf den Rücken!)
Es ist neblig. (Halte ihm die Augen zu!)

Ratespiele

Du kannst mit Freunden spielerisch Vokabeln lernen: Einer von euch stellt einen Begriff pantomimisch dar, und der Rest der Gruppe soll ihn erraten. Wer das Wort als Erstes nennen kann, bekommt einen Punkt und spielt den nächsten Begriff vor. Im Kapitel *Sprachspiele* findest du Anleitungen zu zahlreichen Spielen!

Lerntanz

Die folgende Übung kannst du sowohl mit einer Vokabelliste als auch mit einem kurzen fremdsprachigen Text durchführen.

Suche dir eine alltägliche Tätigkeit aus, z. B. Kleidung anziehen in der Früh. Führe alle Bewegungsabläufe bewusst aus. Hebe deine Beine deutlich, während du in die Hose schlüpfst, ziehe die beiden Socken einzeln und langsam an, ziehe den Pullover energisch über den Kopf. Du darfst die Bewegungen nach Lust und Laune übertreiben! Wahrscheinlich beobachtet dich ohnehin niemand.

Lies nun den Text Satz für Satz laut vor, während du die Bewegungen ausführst. Jede Zeile bzw. jeder eigene Begriff bekommt seine eigene kleine Bewegung. Wiederhole den „Tanz" jeden Tag und verwende immer denselben Text! Du darfst am Anfang ruhig noch mitlesen. Du wirst sehen, du wirst den Zettel bald nicht mehr brauchen!

Lass aus dem Bewegungsablauf einen Tanz werden! Manche Bewegungen können langsam sein, manche schneller. Bewege dich zu einigen Begriffen zackig, zu anderen eher rund und weich. Sag den Text laut auf! Du kannst mit deiner Stimme spielen und abwechselnd flüsternd, hart, heiser, piepsend, schnell ... sprechen. Verwende aber immer die gleichen Bewegungen und immer die gleiche Stimme für denselben Text!

Diese Wörter wirst du sicher nicht vergessen!

Erinnerung

Überlege dir bei neuen Vokabeln, wo du sie vielleicht schon einmal gehört hast! Kommen einzelne Begriffe nicht vielleicht in einem Lied vor, das du gerne hörst? In welchem Zusammenhang wurde das Wort schon einmal verwendet?

Übrigens: Lernkanäle. Wahrscheinlich hast du schon einmal gehört, dass es verschiedene Lerntypen gibt. Manche Schüler sprechen sich den Stoff am liebsten laut vor, andere schreiben bunte Zusammenfassungen, und einige Schüler gehen während des Lernens gerne auf und ab.

Die meisten Menschen sind gemischte Lerntypen. Darum macht es Sinn, den Ausdruck *Lernkanal* zu verwenden. Neues Wissen kann über drei verschiedene Wege aufgenommen werden:

Optisch: lesen, Fotos, Grafiken ...
Akustisch: zuhören, Lernkassetten, Schulstunden, Vorträge ...
Kinetisch: Bewegung, schreiben, selber tun ...

Stärke deine Stärken, das schwächt deine Schwächen! Lerne, so wie DU gut lernen kannst! Finde heraus, wo deine persönlichen Lernstärken sind! Was kannst du besonders gut?

Wenn du ein optischer Typ bist, hilft es dir sicher, Vokabeln bunt und kreativ zu gestalten. Als akustischer Typ bist du dazu veranlagt, Sprachkassetten zu hören. Auch Schulstunden helfen dir sehr. Bist du eher ein kinetischer Typ, läufst du sicher gerne auf und ab, während du Vokabeln wiederholst. Dir helfen Bewegungen beim Einprägen von Begriffen.

Achte auf deine Veranlagungen! Denke auch daran, dass wir meistens *Mischtypen* sind und du dir sicher viel merkst, wenn du dir die Vokabeln möglichst vielseitig einzuprägen versuchst.

◎ Vokabelheft

Bevor du weiterliest, nimm dein Vokabelheft und eine Schere zur Hand. Zerschneide das Heft Seite für Seite in kleine Stücke und wirf es anschließend weg! Eine Sprache kannst du auch lernen, ohne seitenweise unzusammenhängende Wörter untereinander zu schreiben und sie anschließend auswendig zu lernen.

Karteikarten

Wenn du deinen Wortschatz schnell erweitern willst oder für die Schule viele Vokabeln lernen musst, lege dir ein Karteikartensystem zu. Der Vorteil der Karteikarten ist, dass sich die Reihenfolge der Vokabeln immer wieder ändert. Damit bist du gezwungen, wirklich die Bedeutung der Worte zu lernen.

Wenn du ein A4-Blatt dreimal in der Hälfte faltest und dann entlang der Faltlinien auseinander schneidest, erhältst du acht geeignete Karten!

Schreibe die Begriffe, die du lernen möchtest/musst, auf diese Kärtchen. Auf die Rückseite kannst du die Übersetzung notieren. Besser ist es jedoch, wenn du, statt ein Wort zu schreiben, ein erklärendes Bild zeichnest. Natürlich ist auf deinen Karteikarten auch Platz für Eselsbrücken und Merkbilder!

So lernst du mit deinen Karteikarten

Nimm alle Karten zur Hand und mische sie gut durch. Lies den Begriff, der auf der ersten Karte steht. Weißt du, was er bedeutet, kommt die Karte zurück in die Schachtel. Kannst du das Wort nicht übersetzen, leg die Karte unter den Stapel. So wird sie später noch einmal wiederholt.

Die Schatzkiste für meinen Wortschatz

Im Handel sind beliebige Karteikästen aus den verschiedensten Materialien erhältlich. Du kannst natürlich auch jede Schachtel verwenden, die die passende Größe hat oder, wenn du geschickt bist, selber eine Schachtel basteln.

Der Farbwörtertrick von Vera F. Birkenbihl[13]

Möchtest du die einzelnen Farbnamen in einer neuen Sprache lernen, beschrifte die Felder in einem Malbuch mit den jeweiligen Begriffen! Bemale das Malbuch anschließend mit den richtigen Farben!

Malbuch – Begriffe

Malbücher eignen sich wirklich hervorragend, um eine neue Sprache zu lernen. Du kannst eine Abbildung aussuchen, und die einzelnen abgebildeten Details beschriften – in der neuen Sprache natürlich!

Kalender

Um Wochentage und Monatsnamen zu lernen, beschriftest du am besten deinen eigenen Kalender mit den entsprechenden Vokabeln! So wiederholst du die neuen Worte regelmäßig zwischendurch.

Handy

Stelle dein Handy auf die Sprache ein, die du lernen möchtest!

Einkaufsliste

Versuche so oft wie möglich die neue Sprache zu verwenden.
Du kannst z. B. Einkaufslisten auch in einer Fremdsprache verfassen!

Vokabeln überall

Beschrifte alle Gegenstände um dich herum! Schreibe die Namen der Möbel in deinem Zimmer auf kleine selbstklebende Zettelchen und klebe sie an die entsprechenden Stellen. Auch andere Gegenstände (im ganzen Haus) können so benannt und gelernt werden.

Zahlen

Wenn du gerade dabei bist, die Begriffe für Zahlen zu lernen, wende sie so oft wie möglich an: Wenn du eine Telefonnummer wählst, denke an die neuen Vokabeln. Achte unterwegs auf die Nummerntafeln vorbeifahrender oder parkierter Autos und lies die einzelnen Ziffern in der Fremdsprache vor! Wenn du die Ziffern bereits gut beherrschst, wage dich an zweistellige Zahlen heran.

Körperteile

Die Begriffe für die verschiedenen Teile des Körpers lernst du am besten in der Badewanne oder unter der Dusche. Denke von den Zehen bis zu den Fingerspitzen alle Vokabeln durch!

Lernörtchen

Schreibe besonders hartnäckige Vokabeln oder auch Grammatikregeln auf kleine Zettel und hänge sie aufs WC oder andere Orte, an denen du öfters bist. Das Problem mit dem Vokabelheft ist ja auch, dass man so selten (weil ungern) hineinschaut. Verteile darum deine Vokabeln im Alltag, so wiederholst du sie regelmäßig.

Das Wörterbuch

Wozu mühsam ein Vokabelheft schreiben, wenn es doch Wörterbücher gibt? Da stehen die Begriffe auch sicher immer fehlerfrei.

Das Wörterbuch – Nachschlagen mal drei

Wenn du ein Wort nachschlagen musst, schau doch auch gleich nach, welche Wörter über und unter deinem Wort stehen! Vielleicht hast du sie früher schon einmal gehört und weißt jetzt, was sie bedeuten? Ist ein Wort dabei, das du in Zukunft gut brauchen kannst? Versuche einen Satz zu bilden, in dem die Wörter vorkommen. Wenn du eine Wortschatzkartei hast, kannst du jetzt gleich mehrere Wörter hinzufügen.

Das Wörterbuch – Sparprogramm

Wenn du nicht so viel schreiben möchtest und nicht so viele verschiedene Vokabeln lernen willst, konzentriere dich auf die wichtigsten Begriffe. Wenn du einmal ein Wort im Wörterbuch nachschlägst, markiere es bloß mit einem kleinen Kreuz oder Punkt. Erst wenn du das Wort ein zweites Mal suchen musst, schreibst du es heraus. So lernst du nur Worte, die du auch öfter verwendest.

Rechtschreibung

Rechtschreibgruppen

Möchtest du dir die richtige Schreibweise mehrerer Wörter merken, kannst du sie in Rechtschreibgruppen einteilen (z. B.: alle Begriffe mit *ß*). Sammle so viele Wörter wie möglich und verbinde sie anschließend mit einer der folgenden Techniken.

Gruppenbild

Diese vor allem für Schulklassen und Gruppen unterhaltsame Technik stammt von der Volkschullehrerin *Ingrid Teufel*. Stelle dir ein Bild vor, auf dem alle Begriffe vertreten sind. Am besten beginnst du mit einem Wort und hängst die weiteren Ausdrücke an diesem fest.

Bsp: *V-Wörter:* Vater, Vogel, Vase, Vanille ...

Ich stelle mir meinen Vater vor. Auf seiner Schulter sitzt ein Vogel. Mein Vater isst Vanille-Eis aus einer Vase ...

Rechtschreibmärchen

Erzähle eine lustige Geschichte, in der alle Wörter vorkommen, die du gefunden hast.

Bsp: *ss-Wörter:* küssen, Fass, Gasse, besser ...

Zwei Fässer küssen sich in einer Gasse ...

Gedankenbuchstaben

Schreibe ein schwieriges Vokabel oder ein Wort, das du oft falsch geschrieben hast, richtig und in deutlichen Buchstaben auf ein Blatt Papier. Schließe nun die Augen und lass das Wort vor deinem inneren Auge auftauchen. Versuche es in Gedanken zu buchstabieren. Gelingt dir das problemlos, buchstabiere das Wort auch von hinten nach vorne.

Das Wort in deiner Fantasie

Stell dir den Begriff, den du genau lernen willst, in seiner richtigen Schreibweise vor. Gib der Schrift eine kräftige Farbe (z. B.: deine Lieblingsfarbe oder eine Farbe, die zu dem Wort passt). Lass die schwierige Stelle (die Buchstaben, bei denen dir Fehler passieren könnten) besonders groß und auffällig werden: Sie könnte z. B. ein besonderes Muster bekommen, oder die Buchstaben könnten Gestalt annehmen. Die wichtigen Silben können sich auch bewegen und miteinander Kontakt aufnehmen (z. B.: große Buchstaben „beschützen“ kleine Buchstaben.)!

Vielleicht beginnt ein Buchstabe zu sprechen, damit du ihn nicht vergisst (z. B.: *tz*: „Tz, tz, tz, du wirst mich doch nicht wieder vergessen.“ Oder *mm:* „Mhm, wir sind zu zweit!“).

Geheimsprache

Hast du früher auch einmal mit Freunden eine Geheimsprache gebastelt? Stell dir vor, dass die Fremdsprache, die du lernen musst, nichts anderes ist als ein geheimer Code, den es zu knacken gilt. Denn in Wirklichkeit findet sich in jeder Sprache ein System, nach dem die Worte gebildet werden.

So kannst du den Schlüssel zu einer Sprache finden:
Sammle zunächst so viele Wörter wie möglich, die sehr viel Ähnlichkeit mit deiner Muttersprache haben (wenn du mehrere Sprachen lernst, mache diese Übung für jede einzeln und getrennt). Beispiel:

bread (englisch) – Brot
bog (dänisch) – Buch
voelen (niederländisch) – fühlen

Sammle Begriffe, die Ähnlichkeiten mit deiner Muttersprache haben. Ordne nun die Worte, die du gefunden hast, nach Gruppen. Ähnliche Begriffspaare werden untereinander geschrieben, z. B. (englisch):

bread – Brot	*hand* – Hand	*mouth* – Mund
dead – tot	*man* – Mann	*south* – Süden
red – rot	*can* – Kanne	

right – richtig
sight – Sicht

hair – Haar
pair – Paar

stone – Stein
bone – Bein
alone – alleine

day – Tag
say – sag
way – Weg

Kannst du Systeme erkennen? Spiele dich ein bisschen mit der neuen Sprache und versuche herauszufinden, wie sie aufgebaut ist. Hier ist Platz für deine Begriffspaare:

.... – ....

.... – ....

.... – ....

.... – ....

.... – ....

.... – ....

.... – ....

.... – ....

.... – ....

.... – ....

Es liegt mir auf der Zunge ...

Wer kennt das Gefühl nicht, einen Begriff sicher zu wissen, aber im Moment nicht nennen zu können. Wenn dir ein bestimmtes Wort einfach nicht einfallen will: Lass dich nicht aus der Fassung bringen! Versuche ruhig zu bleiben und strategisch vorzugehen. Die Lösung liegt ja irgendwo in deinem Gedächtnis vergraben, du brauchst also bloß den Zugang zu finden.

„Erinnerungen mögen sich dem Einfluss des Willens entziehen und lange Zeit schlafen, doch wenn sie durch die richtige Macht, Licht oder Schatten, berührt werden, erstrahlen sie in voller Gestalt und Lebendigkeit und alles ist an seinem Platz.“

(John Muir)

Umschreiben

Wer sagt, dass es ausgerechnet dieses Wort sein muss? Versuch den Begriff zu umschreiben oder einen ähnlichen Ausdruck zu verwenden!

Wo war das noch einmal?

Wo hast du den Begriff zum letzten Mal gehört, gelesen, geschrieben oder ausgesprochen? Versuch dich genau an die Situation zu erinnern. In welchem Zusammenhang hast du das Wort verwendet?

Eselsbrücken

Versuch dich zu erinnern, wie du dir das Wort gemerkt hast. Vielleicht hast du Eselsbrücken oder andere Merkhilfen verwendet? Womit könntest du den gesuchten Begriff assoziiert haben?

Abc

Denke das Alphabet durch. Verwerfe die Buchstaben, die *falsch klingen,* und reduziere so die Möglichkeiten. Der Begriff fällt dir möglicherweise ein, sobald du an den richtigen Anfangsbuchstaben denkst.

Wortklang

Wie klingt das Wort? Ist es lang oder kurz, klingt es eher rund und weich oder spitz und hart? Vielleicht ist es zackig und schnell?

Schreibweise

Versuch das Wort vor dir zu sehen. Wie viele Buchstaben sind groß und lang, welche reichen bis unter die Zeile? War der Anfangsbuchstabe eher rund oder eckig?

Denkpause

Meistens hilft eine kurze Denkpause besser als alle anderen Tipps. Denke kurz an etwas anderes und komme später auf das Problemwort zurück.

Entspannung und Meditation

Dominic O'Brien, einer der größten Gedächtniskünstler unserer Zeit, führt dir den Weg zu deiner Erinnerung. Seine Übung lautet: *Den Meeresboden des Gedächtnisses säubern.*[14]

- Suche einen ruhigen, stillen Ort auf. Mach es dir bequem, atme langsam und entspanne dich.
- Versuche das gesuchte Wort nicht als Problem zu betrachten, sondern als Ziel. Denke daran, dass du es umso weiter wegschiebst, je hartnäckiger du danach suchst. Vertrau darauf, dass die Antwort zu dir kommt.
- Schließe die Augen. Stell dir vor, wie deine Gedanken aus der Tiefe emporsteigen und auf den Wellen davonsegeln, einer nach dem anderen. Beobachte, wie sie hinter dem Horizont verschwinden – wenn du willst, kannst du sie später einholen.
- Jetzt, wo dein Geist gereinigt ist, hat die Erinnerung die Möglichkeit aufzutauchen. Versuche nicht, sie ins Bewusstsein zu bringen. Verbleibe in deiner friedlichen Umgebung. Mit etwas Glück wird sich als Nächstes die gesuchte Erinnerung einstellen.

Aus dem Bauch heraus

Wir vergessen oft nur einen Teil eines Wortes oder sind uns einfach unsicher bezüglich seiner Aussprache. Wenn uns ein Wort auf der Zunge liegt, dann bedeutet das oft, dass wir uns bloß nicht trauen, es auszusprechen. Wage den Versuch! Selbst wenn du dich irrst, errät dein Gesprächspartner möglicherweise den gesuchten Begriff!

Was vergessen bedeutet, kann ich nur wissen, wenn ich mich an etwas erinnere, mag es noch so vage sein.

(Augustinus)

Grammatik

In the beginning was the word.
But by the time the second word
was added to it, there was
trouble. For with it came syntax
(grammar), the thing that
ripped up so many people.
(John Simon)

- Weißt du, was das *Plusquamperfekt* ist?
- Hast du gewusst, dass *wie, als, als ob, indem* ... modale unterordnende Konjunktionen sind, während *weil, da, obwohl, wenn, damit* ... kausale unterordnende Konjunktionen darstellen?
- Hilft es dir weiter, wenn dir jemand erklärt, dass eine *Apposition* eine nachgestellte Beifügung ist?

Obwohl du grammatikalisch sicher im Großen und Ganzen einwandfrei sprechen und schreiben kannst, sind dir einige Grammatikregeln möglicherweise ein Rätsel.

Ein kleines Kind braucht keine Regeln zu kennen, um Deutsch sprechen zu lernen. Es erforscht seine Muttersprache alleine! Erst später, in der Schule, lernen wir einige Grundlagen. Dann perfektionieren wir sozusagen unseren Sprachgebrauch, merzen noch die letzten Fehlerchen aus und bringen System in das Geschehen.

So wollen wir auch die Grammatik einer Fremdsprache lernen: zunächst ohne Regeln, sondern durch Anwendung. Kleine Kinder verbessern sich regelmäßig selbst. Anfangs dürfen uns noch Fehler passieren. So können wir aus unseren eigenen Fehlern lernen und langsam – durch Versuch und Irrtum – herausfinden, wie die neue Sprache funktioniert.

In einem späteren Stadion sind Grammatikregeln äußerst hilfreich. Die Annahmen, die wir am Anfang gemacht haben, werden größtenteils bestätigt. Irrtümer werden entdeckt und Unklarheiten beseitigt. Grammatikregeln können uns Überblick verschaffen.

> *The event will be described differently according to whether you are talking about it from the standpoint of your own natural time, from a time in the further future, or a time in the further past ... Most readers get as far as the Future Semi-conditionally Modified Subinverted Plagal Past Subjunctive Intentional before giving up.*
>
> *(Douglas Adams)*

Dekodierung

Vera Birkenbihl schlägt vor, Texte wortwörtlich zu entschlüsseln, zu dekodieren.[15] Die Sätze werden Wort für Wort übersetzt und untereinander geschrieben. Beispiel:

Yesterday	*Peter*	*went*	*to*	*the*	*cinema.*	
Gestern	Peter	ging	zu	dem	Kino.	
The	*cinema*	*is*	*next*	*to*	*the*	*school.*
Das	Kino	ist	neben	zu	der	Schule.

Nimm dir einen einfachen Text in der neuen Sprache und schreibe ihn ab. Pro Zeile sollten nicht mehr als sieben Worte stehen. Lass zwischen den Zeilen genügend Abstand. Übersetze den Text Wort für Wort und schreibe die deutschen Begriffe direkt unter die Originalworte. So fallen dir sofort die Unterschiede zwischen deiner Muttersprache und der neuen Sprache auf! Du merkst, was komisch klingt; Oder, noch besser gesagt: „*merk*würdig".

Nun kannst du die Grammatik der neuen Sprache verarbeiten, ohne dich mit unbekannten Wörtern herumzuschlagen. Durch die Methode des Dekodierens ist es möglich, die Eigenheiten der Grammatik einfach und schnell zu erkennen.

Phrasen

Redewendungen oder Phrasen der Zielsprache lernst du nun wortwörtlich. Auf diesem Weg wird die Gefahr geringer, dass sich *Germanismen* in deine Fremdsprache einschleichen. Beispiel:

I	*am*	*cold.*	oder	*Let's*	*go!*
Ich	bin	kalt.		Lass uns	gehen!

Die Unterschiede fallen dir sicher sofort auf!

Artikel

Artikel (*der/die/das, ein/eine/eines*) sind oft nicht so leicht zu lernen.

Lernst du *le soleil – die Sonne,* ist deine rechte Gehirnhälfte verwirrt: *le* ist der männliche Artikel in Französisch, aber *die* ist doch eindeutig weiblich.

Ist das Bild *Sonne* nun männlich oder weiblich?

Wenn du nun aber *le soleil – der Sonne* lernst, merkt dein Gehirn sofort, dass dieses Wort in Französisch einen männlichen Artikel bekommt.

Präpositionen (Vorworte)

In anderen Sprachen werden Vorworte (das sind die kleinen Worte wie in, um, bei, an ...) meist anders verwendet als bei uns. So reicht es oft nicht aus, die Übersetzungen auswendig zu lernen. Durch die Möglichkeit des Dekodierens fallen dir die Abweichungen der anderen Sprache sofort auf.

Warum sagen wir: *„Das Buch liegt auf dem Tisch"* oder *„Das Fahrrad steht vor dem Haus."* Und nicht: *„Der Tisch steht unter dem Buch"* oder *„Das Haus ist hinter dem Fahrrad."*

Obwohl uns niemand erklärt hat, dass es so sein muss, neigen wir dazu, die Gegenstände, die sich einfacher bewegen lassen, zuerst zu nennen. So gibt es zahlreiche Beispiele *unausgesprochener Gesetze*. Auch Fremdsprachen richten sich nach solchen Regeln.

Vorworte lernst du am besten, indem du sie oft anwendest bzw. oft verwendet hörst. Mühe dich nicht damit ab, Listen zu lernen. Mit der Zeit wirst du wie von selber die richtigen Wörtchen verwenden, und selbst wenn du einmal eine falsche Präposition erwischst, verstehen dich die Einheimischen sicher trotzdem.

Wenn du dir unsicher bist, kannst du in einem Grammatikbuch nachschlagen.

Hören + Lesen

Verwende einen Text, den du auch auf einer Hör-Kassette oder -CD hast! So kannst du deine Dekodierung lesen, während der Originaltext läuft. Jetzt kann dein Gehirn die Übersetzung mit dem Originaltext verbinden.

Bild-wörtlich

Du kannst den Text auch, statt ihn wort-wörtlich zu übersetzen, bild-wörtlich dazumalen. Zeichenbare Begriffe (z. B.: *Vogel, Haus, Herz*) werden gezeichnet, und nur Worte, die sich nicht bildlich darstellen lassen, geschrieben. Wenn Du eine Sprache schon sehr gut beherrschst, kannst du dich darauf beschränken, schwierige Textstellen zu dekodieren.

Dekodieren

Dekodiere deinen ersten Text! Suche dir einen einfachen Text in einer fremden Sprache und versuche ihn zu dekodieren!

Farbsystem

Beginne mit einem kurzen Text. Lies ihn dir durch und achte auf folgende Dinge:

- In welcher Zeit stehen die Verben (*Zeitwörter*)?
- Ist die Satzstellung anders, als du erwarten würdest?
- Welche Begriffe stehen in der Mehrzahl?

Gestalte nun den Text farbig! Wähle eine Farbe für alle Verben, die in der Gegenwart stehen, und streiche sie an. Nimm andere Farben für die Vergangenheit, Zukunft oder die Infinitiv-Formen! Markiere auffällige Satzstellungen (z. B.: Wo steht das Wort *Nicht* im Satz?).

Gib allen Hauptwörtern, die in der Mehrzahl stehen, eine eigene Farbe. Je nachdem, welche Spiel-(Grammatik-)Regeln dir unbekannt sind, kannst du andere Farbsysteme wählen und auf unterschiedliche Dinge achten.

Kontrolle

On Wednesday, when the sky is blue,
And I have nothing else to do,
I sometimes wonder if it's true
That who is what and what is who
(Winnie the Pooh)

Sobald du das Gefühl hast, einige Spielregeln durchschaut zu haben, solltest du sie mit einem Lehrbuch kontrollieren. Lies dir die „offiziellen" Grammatikregeln durch und überprüfe, ob sie mit deinen Ideen übereinstimmen! Wahrscheinlich kannst du deine Gedanken auf diese Art ergänzen. Grammatikregeln, die du selber entdeckt hast, wirst du sicher nie vergessen!

Aussprache

> *Der Engländer sagt „neit“, aber er schreibt „night“. Der Franzose verschluckt die Hälfte des Wortes. Er sagt „parlä“, aber er meint „parlaient“. Wir schreiben „wie bitte?“, aber sagen tun wir „häh??“*[16]

Sprich anfangs nur in deinen Gedanken. Stelle dir die Worte vor, die du verwenden willst. Wie sollten sie klingen? Mache anschließend Ausspracheübungen für dich alleine. Versuche es selbst mit schwierigen Worten, niemand hört dir zu. Sobald du dich sicher fühlst, wage dich daran, dein Können in der Öffentlichkeit zu erproben. dazu muss deine Aussprache wirklich noch nicht perfekt sein!

Gedankensprache

Wenn du eine Sprachkassette schon öfters gehört hast, kennst du den Text wahrscheinlich bereits ziemlich gut. Du kannst ohne Schwierigkeiten im Geiste mitsprechen. Achte vor allem auf die verschiedenen Tonfälle. Versuche dir Phrasen zu merken, die dir besonders gut gefallen und die dir nicht so schwer erscheinen. Sobald du dich traust, kannst du auch laut mitsprechen. Drücke ruhig regelmäßig die Pausetaste, wenn dir der Text noch nicht so geläufig ist.

Tagträume

Nachdem du in der neuen Sprache schon ein bisschen festen Fuß gefasst hast, kannst du damit beginnen, aus deinen Sprachgedanken ganze Tagträume werden zu lassen. Du denkst jetzt nicht nur in kleinen Sätzen, sondern kannst ganze Gespräche in der neuen Sprache durchdenken. Hier findest du ein paar Ideen für Tagträume, in denen du deine neue Sprache träumerisch und ohne Stress (und ohne Zuhörer) erproben kannst. Und wer weiß, vielleicht tritt die eine oder andere Situation tatsächlich einmal ein! Dann wird es dir nicht so schwer fallen, die erdachten Sätze auch anzuwenden!

Fremdenführer

Stell dir vor, du sitzt in einem Café und trinkst gemütlich eine Melange. Auf einmal hörst du, wie sich hinter dir zwei junge Touristen in der Sprache unterhalten, die du gerade lernen willst. Du kannst verstehen, dass sie gerade überlegen, welche Sehenswürdigkeiten sie unbedingt noch besichtigen wollen.

Was könntest du zu ihnen sagen? Überlege dir ein paar Informationen zu deiner Heimatstadt. Lege dir in Gedanken einige Sätze zurecht, mit denen du den Touristen ein paar Tipps gibst.

Jugendherberge

Du bist mit dem Rucksack unterwegs durch Europa. In der Jugendherberge lernst du eine Gruppe junger Leute kennen. Leider verstehen sie kein Deutsch. Wie könntest du dich vorstellen?

Beschreibe dich selbst mit ein paar kurzen Sätzen!

Polizeistreife

Du bist im Ausland und hast dir ein Fahrrad ausgeborgt. Es ist schon spät am Abend, und auf einmal bleibt ein Polizeiauto vor dir stehen. Die Polizisten wollen dir eine Strafe von 140 Euro aufbrummen, weil du ohne Licht unterwegs bist.

Wie kannst du dich geschickt herausreden?

Zug

Du bist auf der Reise nach Amsterdam. Im Zug kommst du ins Gespräch mit einem anderen Urlauber.

Er fragt dich, aus welchem Land du kommst.

Gasthaus

Du gehst mit deiner Freundin/deinem Freund in ein schickes französisches/italienisches/... Restaurant und möchtest ihr/ihm imponieren, indem du alles in der entsprechenden Sprache bestellst.

Welche Sätze verwendest du?

Austauschschüler

Ihr bekommt einen gut aussehenden Austauschschüler aus .... in eure Klasse.

Stell dich und die anderen Schüler vor und gib ihm brauchbare Hinweise!

Austauschsemester

Du gehst für ein halbes Jahr nach .... Dort werden dir tausende Fragen gestellt: Wo kommst du her? Warum wolltest du in unser Land kommen? Seit wann lernst du unsere Sprache?

Überlege dir Antworten und erzähle alles über dich!

Lass dir noch weitere Tagträume einfallen!

Schauspielschule

Wenn du eine Sprache lernen möchtest, brauchst du nicht nur ein gutes Gehör. Wichtig ist auch ein gewisses schauspielerisches Talent: Ahme den Tonfall auf den Lernkassetten nach. Sprachmelodie und Betonungen sind typisch für die jeweilige Sprache. Versuche Mimik und Gestik nachzustellen und stell dir die jeweilige Körperhaltung vor. Hier wird dir das unbewusste Zuhören ganz am Anfang des Sprachenlernens von großer Hilfe sein.

Du wirst bemerken, wie dir immer wieder ganze Satzteile einfallen und dass du oft den genauen Tonfall im Ohr hast.

Akzent

Linguisten (Sprachforscher) sind der Meinung, dass sich unsere Vorfahren durch Melodien verständigt haben. Diese ursprüngliche Sprache kann man mit dem Gesang der Vögel vergleichen. Früher war es also wichtiger, den richtigen Ton zu treffen als den richtigen Buchstaben. Das ist auch heute noch so!

> *For moving a young heart,*
> *or repelling an unjust aggressor,*
> *nature dictates accents, cries,*
> *lamentations and that is why the*
> *first languages were singable and*
> *passionate before they became*
> *simple and methodical.*
>
> *(Rousseau)*

Lies folgende Begriffe laut vor:

Fantastic – Photograph – Kangaroo – Coffee – Cassette – Philosophy – Record – Computer – Cigarette

Alle Wörter stehen auf Englisch hier. Kannst du sie auch so aussprechen, dass sie Deutsch klingen? Versuche nun, die Begriffe Französisch klingen zu lassen.

Probiere es anschließend mit der Sprache, die du gerade lernst. Fallen dir noch mehrere Worte ein, die sich in verschiedenen Sprachen ähnlich sind? Wenn du das nächste Mal einen Text in einer fremden Sprache liest und über ein unbekanntes Wort stolperst, probier doch einfach, es „richtig“ klingen zu lassen, auch wenn du es nicht verstehst.

Betonung: stress

Die richtige Betonung ist wichtiger als die richtige Aussprache! Wenn du im richtigen Rhythmus sprichst, klingt das Wort auf jeden Fall „richtig". Beispiel:

Kartóffel – Revólver – Gedáchtnis

Versuche die Wörter vorzulesen, indem du immer die erste Silbe betonst.

Kártoffel – Révolver – Gédächtnis

Du wirst merken, dass sie sofort komisch klingen. Die richtige Betonung ist also außerordentlich wichtig!

- Markieren: Höre dir den Text zunächst von der Sprachkassette an und zeichne ein *stress mark* zu den betonten Silben: einen kleinen Strich über den entsprechenden Buchstaben.
- Klatschübung: Klatsche zunächst den Rhythmus eines Satzes, bevor du ihn aussprichst. Jede betonte Silbe wird geklatscht. Statt zu klatschen, kannst du auch auf den Tisch klopfen oder mit den Beinen stampfen.

Zusammenziehungen, verschlucken: Liaison

Das Problem mit so vielen Sprachen ist, dass nur ein Teil der Worte ausgesprochen wird. Beispiel: *„Wie geht es dir?"* wird zu *„Wie geht's?"*; *„Kommst du mit?"* wird zu *„Kommst mit?"* Denke auch an unser *stummes H.*

Spitzenreiter sind hierbei die Franzosen. Sie sagen nur die Hälfte von dem, was sie schreiben. Beispiel: *„Je ne sait pas"* (Ich weiß es nicht) wird zu *„Schönsepa."*

Aber selbst die Engländer verraten nicht immer alle Buchstaben eines Wortes: *daughter* wird zu *doter.*

Auch im Dänischen wird viel verschluckt: *„Ved du hvad ...?"* (Weißt du was ...?) wird zu *„Weduwel?"*; *Hovedbanegård* (Hauptbahnhof) wird zu *Hobängo.*

Streiche all die Buchstaben durch, die nicht ausgesprochen werden!

Pausen!

Wo machen die Sprecher Pausen? Welche Stellen spricht er besonders schnell? Markiere alle Pausen mit einem *roten* **X**. Denn auf Pausen vergessen wir besonders gerne, vor allem, wenn wir aufgeregt sind. Das *rote X* erinnert dich daran, wieder etwas ruhiger und langsamer zu sprechen und eine Atempause einzulegen!

Melodie: Intonation

> *But language need not have started with single words, it could have begun with whole melodies.*
>
> *(Jean Aitchison)*

Dieser letzte Punkt erfordert ein gutes Gehör. Versuche herauszuhören, wo die Stimmen auf der Sprachkassette höher werden.

Beispiele:

Die Intonation sinkt meist bei Fragewort-Fragen: *„Wo ist Peter?“*

Ja/Nein-Fragen enden meist höher, als sie beginnen: *„Hast du Hunger?“*

Bei Antworten sinkt die Intonation: *„Nein, das denke ich nicht.“*

Aufforderungen beginnen meist hoch: *„Du sollst still sein!“*

- Beschriften: Zeige mit einem Pfeil an, in welche Richtung die Stimme geht.

  Beispiel: *„Wo ist Peter?“*

- Armzeichen: Halte deine Hand in Brusthöhe. Steigt die Intonation, hebst du auch die Hand. Sinkt sie, lässt du auch deine Hand sinken.

- Ganzkörpereinsatz: Bewege dich mit, während du sprichst. Steigt die Tonhöhe eines Satzes, stehst du auf. Sinkt sie, setzt du dich.

Körpersprache

Dein Körper sendet ständig Signale an die Umwelt. Deine Haltung und dein Gesichtsausdruck verraten anderen, wie du dich fühlst. Ganz unbewusst werden diese Zeichen verarbeitet. Wenn jemand zum Beispiel mit angewidertem Gesichtsausdruck und gleichgültiger Stimme sagt: *„Das finde ich wunderbar"*, wird man ihm wohl kaum Glauben schenken. Es ist also nicht nur wichtig, *was* du sagst, sondern auch, *wie* du es von dir gibst. Du kannst das mit Freunden mit folgenden Spielen ausprobieren:

Blubb!

Einer von euch wird zu *Mister X* ernannt. Er darf von nun an nur noch *„blubb"* sagen. Die anderen unterhalten sich ganz normal miteinander. Ab und zu wird *Mister X* gefragt, was er von der Sache hält. Die Aufgabe von *Mister X* ist, seine Stimme so zu verändern, dass die anderen verstehen, was er meint. Er darf auch seine Mimik verändern oder mit seiner Körperhaltung verraten, was er meint.

Zeichensprache

Wieder wird einer zu *Mister X* gewählt. Diesmal darf er aber rein gar nichts sagen. Was er denkt, will oder nicht will, kann er nun nur mittels Körpersprache übermitteln. Ihr werdet aber erstaunt sein, wie viel er mit Händen und Füßen kommunizieren kann! Achte vor allem im Ausland darauf, dass deine Körpersprache deutlich ausdrückt, was du meinst:

- Stimme: Deine Stimme kann wütend, fröhlich, traurig, ängstlich, unsicher, fragend ... sein!
- Körperhaltung: Abneigung kannst du ausdrücken, indem du dich weglehnst. Interesse signalisierst du mit einer aufrechten Haltung.
- Gestik: Am meisten kannst du mit deinen Händen ausdrücken. Versuche, „mit den Händen zu reden", und unterstreiche, was du sagst, mit begleitenden Gesten. So kann dein Gesprächspartner „mitlesen", was du sagst.

Freiübungen

Letztendlich willst du auch frei sprechen können. Das ist die schwierigste Aufgabe, aber sobald du sie bestanden hast, kannst du unbesorgt auf Reisen gehen: du kannst in der neuen Sprache sprechen!

Meine Lieblingsphrasen

Du hast im Laufe der Vorbereitungszeit schon viele Lieblingsphrasen gesammelt. Das sind kurze Sätze, die du leicht aussprechen und oft einsetzen kannst; *Small-Talk-Phrasen*, die man immer wieder braucht. Dazu gehören auch Sätze wie: *„Bitte sprechen Sie etwas langsamer“* und *„Ich würde gerne lernen Ihre Sprache zu sprechen.“* Präge dir diese Sätze gut ein. Sag sie dir immer wieder laut vor, so gewöhnst du dich daran, sie auszusprechen.

Schreib deine Lieblingsphrasen auf ein Blatt Papier und ergänze die Liste regelmäßig!

Kassettenfreund

Hattest du je einen Brieffreund oder eine Brieffreundin? Regelmäßig Briefe oder E-Mails in einer fremden Sprache zu schreiben ist eine gute Übung! Wie wäre es, wenn du, statt einen Brief zu schreiben, eine Kassette bespielst?

Nimm eine kurze Beschreibung von dir selber auf und schicke sie deinem „Kassettenfreund“. Bitte ihn, die Antwort auch auf Kassette zu sprechen, so kannst du auch das Zuhören in der neuen Sprache üben.

Kassettenfreunde könntest du über das Internet finden! Vielleicht hat dein Lehrer auch eine Idee, wie du Kontakt zu *Native Speakers* knüpfen kannst!

Übungsdialog

Wähle einen Dialog von deiner Sprachkassette. Höre dir an, was die erste Person zu sagen hat, und drücke dann auf die Pause-Taste.

Antworte, als ob du dich tatsächlich im Gespräch mit ihr befinden würdest. Es macht gar nichts, wenn du so einen neuen Dialog erfindest. (Falls der nächste Satz auf der Kassette nicht dazupasst, beginne in Gedanken einen neuen Dialog).

Drücke erneut die Play-Taste und antworte wieder, sobald die Person ausgesprochen hat. Auf diese Art kannst du deine ersten Gespräche „ganz alleine" führen.

Stofftiergespräche

Stofftiere sind gute Zuhörer! Erprobe deine ersten Sätze und erzähle deinem Stofftier alles über den Text, den du zuletzt gelesen hast.

Selbstgespräche

Schließlich kannst du noch nach Lust und Laune Selbstgespräche führen. Wende alle Phrasen an, die du dir eingeprägt hast. Sprich einfach deine Gedanken laut aus! Erinnere dich auch an deine Tagträume! Denke dieselben Szenen noch einmal durch und sprich diesmal mit!

Spiegelbild

Du kannst auch Dialoge mit deinem Spiegelbild führen. So siehst du dich selbst, während du sprichst. Korrigiere vor allem deine Körpersprache!

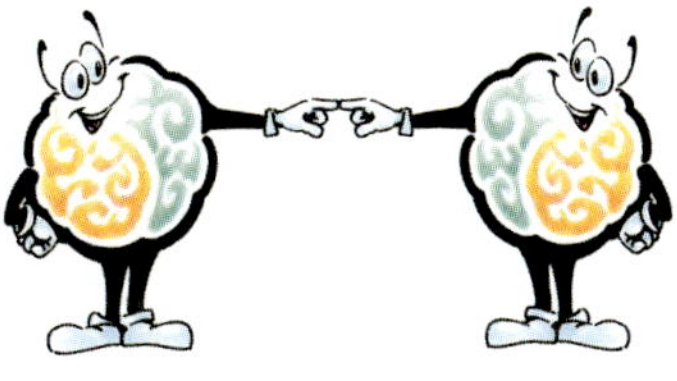

Sprachspiele

Spielen ist die einzige Art, richtig verstehen zu lernen.

(Frederic Vester)

Spiele jeder Art sind großartiges (und unterhaltsames) Training für unsere grauen Zellen. Du findest hier eine Sammlung von Sprach- und Wortspielen. Viele dieser Sprachspiele eignen sich für Wartezeiten zwischendurch, fürs Busfahren und kurze Pausen. Mit ein paar Freunden kannst du so spielerisch die neue Sprache üben und deinen Wortschatz erweitern. Außerdem kannst du vergleichen, wie viele Begriffe du im Vergleich zu deinen Kollegen schon weißt, und lernst sicher ein paar neue Wörter dazu! Übrigens: Zum Spielen ist man nie zu alt!

Spiele für zwischendurch

Anfang und Ende

Für ein bis sechs Spieler.

Spielregeln: Bei diesem Wortspiel nennt der erste Spieler einen Begriff. Der nächste Spieler muss nun ein Wort nennen, das mit dem Buchstaben, mit dem der erste Begriff endet, beginnt.
Beispiel: *snow – waterfall – lake*

Anfang und Ende für Sprachtalente:

Wählt ein Thema für euer Spiel (Tiere – Gegenstände in einem Badezimmer – Alles, was man essen kann ...)

Doppelwörter

Für ein bis sechs Spieler.

Spielregeln: Der erste Spieler nennt einen Begriff, der sich aus zwei Wörtern zusammensetzt, wie z. B. *Swimmingpool*. Der nächste Spieler muss nun mit dem zweiten Teil des Wortes ein neues Doppelwort bilden, z. B.: *Poolparty*. Danach könnte der Begriff *Partydance* kommen ...

Papagei

Für ein bis sechs Spieler.

Spielregeln: Der erste Spieler nennt einen Satz, z. B.: *„I have a dog."* Der nächste Spieler wiederholt den Satz, verändert aber ein Satzglied, z. B.: *„I have a car."*

Buchstabierspiel

Für zwei bis sechs Spieler.

Spielregeln: Die Spieler nennen abwechselnd einen Buchstaben. Die Buchstaben müssen ein Wort ergeben können. Der Spieler, der den letzten Buchstaben eines Wortes nennt, hat verloren. Fügt jemand einen Buchstaben hinzu, der das Bilden eines Wortes unmöglich macht (z. B. *Nz* ...), hat er verloren.

Ich seh, ich seh, was du nicht siehst.

Für zwei bis sechs Spieler.

Spielregeln: Der erste Spieler sieht sich um und wählt einen beliebigen Gegenstand (in Sichtweite). *„Ich seh, ich seh, was du nicht siehst, und das ist blau/gelb/hellgrün ..."* leitet er die erste Runde ein. Nun können die anderen Spieler beginnen zu raten. Wer als Erstes den richtigen Gegenstand in der Fremdsprache benennt, hat gewonnen und darf die nächste Runde beginnen.

Ich seh, ich seh, was du nicht siehst für Sprachtalente

- *„Ich hör, ich hör, was du nicht hörst ...*
- *... und das beginnt mit dem Buchstaben A/B/C/D ..."*
- *... und das befindet sich in einem Schulzimmer/einer Küche ..."*
- *... und das hat Peter gestern gekauft."*

Übrigens: Auf Englisch heißt dieses Spiel: *„I spy with my little eye ..."*

Gruppenerzählung

Für 2 bis 15 Spieler.

Spielregeln: Erzählt gemeinsam eine Geschichte. Jeder Spieler darf nicht mehr als ein Wort auf einmal sagen. Der erste Spieler beginnt und nennt ein Wort, z. B.: *Der*. Der nächste Spieler fügt einen weiteren Begriff hinzu, z. B.: *Frosch*. Bildet sinnvolle Sätze und erzählt eine kleine Geschichte! Versucht die Wörter so schnell wie möglich zu nennen.

Gruppenerzählung für Sprachtalente

- Statt einem einzigen Wort könnt ihr gleich einen halben Satz nennen!

Was Otto mag

Für zwei bis sechs Spieler.

Spielregeln: *„Otto mag Hennen, aber keine Hühner? Er liebt Sessel, aber hasst Stühle?“* Bei diesem Spiel geht es darum, Systeme zu erkennen: Otto mag Wörter einer bestimmten Art. Ein Spieler beginnt Worte zu nennen, die Otto mag, und andere, die er nicht leiden kann. Die Mitspieler sollen herausfinden, welche Begriffe Otto mag und warum. Sobald ein Mitspieler das System erkennt, beweist er das, indem er selbst passende Beispiele nennt. Beispiel:

- Otto mag alle Begriffe mit Doppelbuchstaben (z. B. He<u>nn</u>e).
- Otto mag alle weiblichen Begriffe (die Sonne, die Tasche ...).
- Otto mag keine Begriffe, die mit Selbstlauten beginnen.
- Otto mag Begriffe mit *ß*.

Koffer packen

Für zwei bis acht Spieler.

Spielregeln: *„Ich packe meinen Koffer und gebe meinen Bikini hinein.“* So beginnt der erste Spieler. Dann geht es weiter im Kreis: *„Ich packe in meinen Koffer einen Bikini und eine Tafel Schokolade“*. Es müssen also immer alle zuvor genannten Gegenstände wiederholt und ein neuer hinzugefügt werden. Der Koffer füllt sich immer mehr, bis sich jemand nicht mehr an die ganze Liste erinnert: Er scheidet aus.

Pizza

Für 2 bis 20 Spieler.

Spielregeln: Der fröhlichste Spieler denkt sich einen beliebigen Begriff aus und erklärt, wozu man ihn verwendet, wie er aussieht, wo er steht, wann er ihn zuletzt gesehen hat ... Statt den Namen des Gegenstandes zu nennen, verwendet er das Wort *Pizza*. Der Spieler, der als Erstes errät, um welchen Begriff es geht, darf sich den nächsten Gegenstand ausdenken, z. B.: *„Die Pizza ist rund und ziemlich hart. Sie ist weiß und hat lauter schwarze Flecken. Zu meinem Geburtstag bekomme ich hoffentlich eine neue Pizza, denn meine ist schon ziemlich weich und abgenützt. Gestern Nachmittag sind wir alle hinter der Pizza hergelaufen. Ich habe sie zu Martin gepasst, und er hat ziemlich scharf geschossen. Leider hat Tom sie gefangen ...“*

Multi-Use

Für 2 bis 15 Spieler

Spielregeln: Der fröhlichste Spieler nennt einen Gegenstand und erklärt, wozu man ihn verwenden kann, z. B.: *„Mit einem Hammer kann man einen Nagel in die Wand schlagen.“* Der nächste Spieler nennt eine zweite Anwendungsmöglichkeit für denselben Gegenstand, z. B.: *„Mit einem Hammer kann man sich den Finger blau schlagen.“* Wie viele Möglichkeiten fallen euch ein?

Die Letzten werden die Ersten sein

Für zwei bis sechs Spieler.

Spielregeln: Ihr sagt gemeinsam das Abc auf. Jeder Spieler darf ein oder zwei Buchstaben nennen. Gewonnen hat, wer den Buchstaben *Z* ausspricht. Um zählen zu lernen, könnt ihr auch gemeinsam zählen, anstatt das Abc aufzusagen. Macht euch aus, welche Zahl das Ziel ist. Ihr könnt auch bei einer höheren (z. B. dreistelligen) Zahl beginnen, wenn ihr schwerere Zahlen üben wollt.

Wortschatzspiele

Material: Für einige Wortschatzspiele benötigst du Vokabelkärtchen

Schreibe die Vokabeln, die du üben willst, auf kleine Kärtchen. Auf die Rückseite kommt die Übersetzung oder – noch besser – ein kleines Bild, das den jeweiligen Begriff darstellt. Wenn du welche hast, kannst du auch deine Vokabel-Karteikarten verwenden.

Vokabelquiz

Für zwei bis sechs Spieler.

Material: Vokabelkärtchen

Spielregeln: 16 Kärtchen werden mit der Rückseite nach oben (also so, dass man die Vokabel nicht lesen kann) im Quadrat auf den Tisch gelegt. Der erste Spieler zeigt auf eine beliebige Karte. Kann sein linker Nachbar das entsprechende Vokabel nennen, bekommt er die Karte. Weiß er es nicht, bekommt der erste Spieler seine Chance: Kennt er das richtige Fremdwort, bekommt er das Vokabelkärtchen. Nun ist der nächste Spieler an der Reihe. Sieger ist, wer am Ende die meisten Karten hat.

Vokabel-Memory

Für zwei bis vier Spieler.

Material: Vokabel-Memorykarten. Schreibt die Vokabel, die ihr lernen wollt, auf kleine Kärtchen. Je zwei Karten gehören zusammen: auf einer steht das Vokabel in der Fremdsprache, auf der anderen seine Übersetzung (oder ein passendes Bild).

Spielregeln: Die Spielkarten werden gemischt und mit der Bildseite nach unten aufgelegt. Der erste Spieler deckt zwei Karten auf, passen sie zusammen, darf er sie behalten und zwei weitere Karten umdrehen. Zeigen die Karten zwei unterschiedliche Begriffe, ist der nächste Spieler an der Reihe. Gewonnen hat der Spieler, der am Ende die meisten Karten erzielt hat.

Würfelmemory

Für zwei bis sechs Spieler.

Material: Vokabelkärtchen.

Spielregeln: 16 Vokabelkärtchen werden nebeneinander aufgelegt. ihr könnt euch selber aussuchen, welche Seite zu sehen ist. Der erste Spieler würfelt. Die Augenzahl verrät ihm, welche Vokabelkarte an der Reihe ist. Die Karten werden von links nach rechts gezählt. Würfelst du eine *Drei,* bedeutet das also, dass die dritte Karte gefragt ist. Kannst du das entsprechende Vokabel übersetzen bzw. nennen, darfst du die Karte behalten. Wenn nicht, bleibt sie liegen. Jeder Spieler würfelt nur einmal, danach ist der nächste Spieler an der Reihe.

Vier gewinnt

Für zwei Spieler.

Material: Vokabelkärtchen, 2 x 10 Spielfiguren.

Spielregeln: 16 Vokabelkärtchen werden im Quadrat aufgelegt. Der erste Spieler beginnt, indem er auf eine Karte zeigt und sagt, was auf der Rückseite steht. Hat er Recht, darf er eine seiner Spielfiguren auf die entsprechende Stelle legen. Nun ist der zweite Spieler an der Reihe. Gewonnen hat der Spieler, der als Erstes vier Figuren nebeneinander stehen hat (horizontal, vertikal oder diagonal).

Mensch-ärgere-Dich-nicht à la Birkenbihl[17]

Für zwei bis vier Spieler.

Material: *Mensch-ärgere-Dich-nicht*-Spiel, Vokabelkärtchen.

Spielregeln: Wird jemand während dem Spiel „hinausgeworfen", hat er noch eine Chance: Er nimmt die oberste Karte des Stapels und versucht, das Wort zu übersetzen. Weiß er die richtige Antwort, darf er am Feld stehen bleiben.

Schreibspiele

Material: Papier und Stifte.

Stadt Land Fluss

Für zwei bis sechs Spieler.

Spielregeln: Einigt euch auf sieben Begriffsgruppen, z. B.: *Tiere, Pflanzen, Farben, Berufe, Nahrung, Eigenschaftswörter, Möbelstücke.* Alle Mitspieler schreiben diese Gruppen nebeneinander auf ihr Blatt Papier. Ein Spieler sagt laut den Buchstaben *A* und in Gedanken das Alphabet auf, bis ein anderer Spieler *„Stopp!"* ruft. Der Buchstabe, an den der erste Spieler gerade gedacht hat, wird für die erste Spielrunde verwendet. Nun versuchen alle Mitspieler, so schnell wie möglich zu jeder Begriffsgruppe ein Wort zu finden, das mit dem entsprechenden Buchstaben beginnt. Wer als Erstes fertig ist, ruft laut *„Stopp!"* Danach werden die einzelnen Begriffsgruppen vorgelesen und die Punkte vergeben: fünf Punkte für jedes Wort, das auch ein weiterer Spieler auf seiner Liste stehen hat; zehn Punkte für jeden Begriff, den nur du auf deiner Liste stehen hast; zwanzig Punkte, wenn außer dir niemand ein Wort für diese Begriffsgruppe gefunden hat.

Synonyme

Für ein bis sechs Spieler.

Spielregeln: Alle Mitspieler bekommen ein Blatt Papier und einen Stift. Ein Spieler nennt einen beliebigen Begriff (z. B.: *to walk, house* oder *happy*) in der neuen Sprache. Nun versuchen alle so viele Synonyme wie möglich aufzuschreiben. Synonyme sind Begriffe mit derselben (bzw. ähnlicher) Bedeutung. Wer nach zwei Minuten die meisten Worte gefunden hat, hat gewonnen.

Bingo

Für 3 bis 30 Spieler.

Spielregeln: Jeder Spieler zeichnet ein Gitter aus 16 Quadraten (4 x 4). In die Felder werden beliebige Ziffern geschrieben. Der Spielleiter liest nun der Reihe nach zufällige Zahlen vor. Wird eine Zahl genannt, die in deinem Gitter steht, darfst du sie durchstreichen. Der Spieler, der zuerst vier Zahlen nebeneinander durchstreichen konnte (von oben nach unten oder von rechts nach links, aber auch quer), hat gewonnen und wird der Spielleiter der nächsten Runde!

Bingo für Sprachtalente

- Zahlen mal zwei: Statt Einzelziffern könnt ihr auch Doppelzahlen in die Felder schreiben.
- Bingo mit Buchstaben: Anstelle der Zahlen können auch Buchstaben in das Gitter eingetragen werden.
- Vokabelbingo: Schreibt aktuelle Vokabeln in die Bingo-Felder.

Buchstabensalat

Für ein bis sechs Spieler.

Material: Buchstabenkärtchen. Du findest eine Vorlage für die Buchstabenkärtchen auf der nächsten Seite. Kopiere sie auf festes Papier und schneide die Buchstaben aus.

Spielregeln: Die Buchstabenkärtchen werden gemischt und in eine Dose gelegt. Zieht sieben Buchstaben und legt sie in die Mitte. Aufgabe ist es, mit den Buchstaben so schnell wie möglich sinnvolle Wörter zu bilden. Wer als Erstes zehn Wörter hat, ruft laut *„Stopp!"*. Die Worte müssen nicht aus allen sieben Buchstaben gebildet werden. Auch kleine Worte sind erlaubt. Die Buchstaben dürfen nicht doppelt verwendet werden. Bevor ihr die nächste Runde spielt, werden die Punkte vergeben: einen Punkt für jedes richtige Wort, das außer dir auch noch ein anderer Mitspieler gefunden hat; zwei Punkte für jeden, Begriff den nur du bilden konntest; drei Punkte für den Spieler, der als Erstes zehn Worte hatte.

A	A	A	A	A	A	B	B
B	C	C	D	D	D	E	E
E	E	E	E	E	F	F	F
G	G	G	H	H	H	I	I
I	J	J	K	K	K	L	L
L	M	M	M	N	N	N	O
O	O	O	P	P	P	Q	R
R	R	S	S	S	S	S	T
T	T	T	U	U	U	U	V
V	W	W	W	W	X	Y	Y
Z	Z	Z					

Vokabeljagd

Für 2 bis 20 Spieler.

Spielregeln: Jeder Spieler schreibt alle Buchstaben des Alphabets untereinander auf sein Blatt Papier. Der Spielleiter nennt ein Thema (z. B.: *Pflanzen, Tiere, Transportmittel* ...), und nun versuchen alle Spieler zu jedem Buchstaben einen passenden Begriff zu finden. Gewonnen hat, wer als Erstes seine Liste vollständig hat. Er darf das nächste Thema nennen.

Vokabeljagd für Sprachtalente

- Statt das ganze Alphabet aufzuschreiben, schreibt ihr das Thema untereinander auf das Papier. Jeder Begriff darf nur einmal genannt werden. Beispiel:

  P – *Palme*
  F – *Flieder*
  L – *Lilie*
  A – *Apfel*
  N – ...
  Z –
  E –
  N –

Fortsetzungsgeschichte

Für zwei bis sechs Spieler.

Spielregeln: Jeder von euch bekommt ein Blatt Papier und einen Stift. Nun schreibt jeder Spieler den Beginn einer Geschichte auf das Papier. Die Zettel werden im Uhrzeigersinn weitergereicht. Sobald du einen Zettel von deinem rechten Sitznachbarn bekommst, liest du seinen Satz. Erfinde die Geschichte weiter und füge einen weiteren Satz hinzu. Anschließend falte das Papier so, dass nur noch dein Satz zu sehen ist. Reiche das Papier weiter an deinen linken Nachbarn. So wird die Geschichte immer weiter fortgesetzt. Am Schluss könnt ihr eure Fortsetzungsgeschichten laut vorlesen. Ihr habt sicher viele lustige Erzählungen produziert!

Diktat

Für ein bis drei Spieler.

Material: Sprachkassette.

Spielregeln: Suche dir einen Text von der Sprachkassette aus, den du schon gut verstehen kannst. Lass das Band laufen und versuche den Text mitzuschreiben. Du kannst natürlich zwischendurch auf die Pause-Taste drücken oder auch zurückspielen. Kontrolliere anschließend, was du geschrieben hast. Verbessere deine Fehler und streiche alle Wörter, die du richtig geschrieben hast, in deiner Lieblingsfarbe an! Du kannst das Diktat auch gemeinsam mit Freunden schreiben. Wer durfte die meisten Worte in seiner Lieblingsfarbe anstreichen? Wiederhole die Übung mit demselben Text nach einer gewissen Zeit und male wieder alle richtigen Textstellen farbig an. Vergleiche deine Erfolge!

Diktat für Sprachtalente

- *Songwriter*: Such dir ein Lied aus, das du gerne hörst. Versuche die einzelnen Zeilen mitzuschreiben. Drücke regelmäßig auf die Pause-Taste. Vergleiche anschließend dein Ergebnis mit dem Liedtext!

Märchenstunde

Für zwei bis sechs Spieler.

Spielregeln: Jeder Mitspieler bekommt ein Blatt Papier und schreibt sieben Vokabeln auf. Die Blätter werden anschließend im Uhrzeigersinn weitergegeben. Aufgabe ist nun, eine Geschichte zu erzählen, in der die sieben Begriffe vorkommen. Schreibt die Geschichte auf und lest sie euch gegenseitig vor.

Sprechspiele

Je mehr Spieler ihr seid, desto mehr Spaß machen die folgenden Spiele!

Berufe raten

Für 3 bis 20 Spieler.

Spielregeln: Ein Spieler beginnt und denkt sich einen Beruf aus. Ohne zu sprechen oder zu schreiben, stellt er ihn pantomimisch dar. Gewonnen hat der Spieler, der zuerst errät, um welchen Beruf es sich handelt. Er darf sich den nächsten Beruf ausdenken und darstellen.

Berufe raten für Sprachtalente

- Gefühle raten: Statt Berufen denkt ihr euch Gefühle aus und stellt sie pantomimisch dar.
- Freunde/Personen raten.
- Sportarten raten.
- Tiere raten.
- Vokabel raten: Nehmt doch die Vokabelliste zur Hand, die ihr gerade lernen müsst. Versucht die entsprechenden Begriffe pantomimisch zu spielen und zu erraten!

Wer bin ich?

Für zwei bis sechs Spieler.

Spielregeln: Ein Spieler denkt sich eine Person aus. Die anderen Spieler sollen mit so wenigen Fragen wie möglich herausfinden, um welche Person es sich handelt. Der Spieler darf nur mit ja oder nein antworten.

Was bin ich? Wo bin ich?

- Statt einer Person könnt ihr auch Gegenstände wählen. Selbst Orte eignen sich für dieses Fragespiel!

Speaker

Für 4 bis 30 Spieler.

Material: Tafel oder Pinwand.

Spielregeln: Teilt euch in zwei Mannschaften auf. Jede Mannschaft wählt einen *Speaker*. Er setzt sich auf einen Stuhl, mit dem Rücken zur Tafel bzw. zur Pinwand. Auf die Tafel wird ein Vokabel geschrieben. Nun versucht die Mannschaft ihren Speaker dazu zu bringen, das Vokabel zu nennen. Das Wort selbst darf dabei natürlich nicht genannt werden. Ihr könnt es mit anderen Worten umschreiben oder auch mit Händen und Füßen darstellen. Gewonnen hat die Mannschaft, deren Speaker das Wort als Erstes nennen konnte. Bevor das nächste Vokabel an die Tafel geschrieben wird, wird ein neuer Speaker gewählt.

Persönlichkeitscheck

Für zwei bis zehn Spieler.

Material: selbstklebende Notizzettel, ein Stift.

Spielregeln: Schreibt auf die selbstklebenden Zettel die Namen von berühmten Persönlichkeiten, Menschen aus eurem Alltag oder auch Tiernamen. Klebt euch die Zettel gegenseitig auf die Stirn, so dass ihr selbst nicht lesen könnt, was auf dem Zettel steht. Versucht herauszufinden, wer ihr seid. Die anderen Spieler dürfen nur mit *Ja* oder *Nein* antworten. Stellt ihr eine Frage und die Antwort ist ja, dürft ihr weiterraten. Bei einem Nein kommt der nächste Spieler an die Reihe.

Persönlichkeitscheck für Sprachtalente
Schreibt statt Namen aktuelle Vokabel auf die kleinen Zettel! Nun müsst ihr mit geschickten Fragen herausfinden, um welches Wort es sich handelt.

Simon says

Für 3 bis 30 Spieler.

Spielregeln: Ein Spieler ist *Simon*. Er gibt Anweisungen, die der Rest der Gruppe ausführen soll. *„Simon says sit down!“* bedeutet, dass sich alle hinsetzen sollen. Aber Vorsicht: Heißt es nur *„Sit down!“* (ohne *„Simon says“*), werden die Befehle nicht ausgeführt! Wer einen Fehler macht, scheidet aus.

Simon says für Sprachtalente

- Lernt die Begriffe für die einzelnen Körperteile, indem Simon immer befiehlt: *„Simon says move your nose/knee/arm ...!“*
- Auch andere Vokabeln könnt ihr so trainieren: *„Simon says run to (look at) the window/clock ...!“* oder auch *„Simon says take the rubber/ pencil ...!“*

Roboter[18]

Für 2 bis 20 Spieler.

Spielregeln: Der älteste Spieler ist der erste *Roboter*. Er stellt sich mit dem Rücken zu den anderen Spielern in den Raum. Nun gebt ihr ihm Anweisungen, wie er sich bewegen soll. Der Roboter führt alle Bewegungen aus! Nach einiger Zeit (oder wenn der Roboter einen Fehler macht) wird der nächste Spieler zum Roboter. Bei großen Gruppen können auch mehrere Spieler zugleich die Roboter sein.

Lügendetektor

Für 3 bis 20 Spieler.

Spielregeln: Bildet einen Kreis. Ein Spieler sitzt in der Mitte. Er wird von den anderen verhört. Stellt ihm die erste Frage. Er antwortet dreimal. Nur eine der drei Antworten ist richtig. Könnt ihr erraten, welche richtig ist, dürft ihr weiterfragen. Ist euer Tipp falsch, muss einer von euch in die Mitte.

Stille Post

Für 5 bis 30 Spieler.

Spielregeln: Setzt euch in einen Kreis. Einer von euch denkt sich ein Wort aus und flüstert es seinem linken Nachbarn ins Ohr. Dieser versucht, denselben Begriff an seinen linken Nachbarn weiterzugeben – wieder im Flüsterton, versteht sich. Der Letzte der Runde sagt laut, welches Wort er verstanden hat.

Stille Post für Sprachtalente

- Verwendet ganze Sätze anstelle einzelner Worte!
- Schweigsame Post: Statt die Wörter zu flüstern, buchstabiert ihr sie mit dem Zeigefinger in die Luft. Natürlich darf immer nur der eine Nachbar „mitlesen".

Plappermaul

Für 2 bis 15 Spieler.

Material: Themenkärtchen – kleine Kärtchen, auf denen Themen stehen wie Waldsterben, Ozonloch, Weinbau ...

Spielregeln: Der erste Spieler zieht eine Karte. Aufgabe ist es, eine Minute lang ohne zu stottern über das entsprechende Thema zu reden.

Was wird passieren?

Für 2 bis 30 Spieler.

Spielregeln: Der Erzähler denkt sich eine Geschichte aus und erzählt sie der Gruppe. Nach jedem Absatz macht er eine Pause und fragt, was wohl als Nächstes passiert. Die anderen versuchen zu raten, wie die Geschichte weitergeht.

Rollenspiele

Eine Sprache lernt man, indem man sie spricht. Nachdem uns aber leider die notwendigen natürlichen Situationen fehlen, müssen wir sie eben spielen. Rollenspiele ermöglichen uns, die Sprache live zu erproben, ohne dass wir dazu ins Ausland reisen müssen.

Die folgenden Improvisationsanregungen eignen sich für jede Sprache und jede Altersgruppe oder Lernstufe. Rollenspielen kann man auch ohne Schauspielausbildung! Es geht in erster Linie darum, in der neuen Sprache zu sprechen. Nützt die folgenden Szenen, um frei sprechen zu üben.

Es gibt ja auch zahlreiche Sketche und Theaterstücke. Wenn dir das Schauspielen Spaß macht, könntest du mit ein paar Freunden eine richtige Aufführung vorbereiten. Material findest du in Bibliotheken oder Buchhandlungen. Aber frag doch einmal bei deinem Lehrer oder bei Kollegen nach, ob sie Texte für euch haben.

Die folgenden Sketche sind Improvisationen. Das heißt, dass kein Text vorgegeben ist und ihr selber bestimmt, wie die Szenen verlaufen. Nicht jede Szene muss aufführungsreif werden. Wie gesagt, es geht in erster Linie darum, dass ihr eine Chance habt, die neue Sprache anzuwenden. Ihr könntet aber besonders gelungene Stücke sammeln und damit einen Aufführungsabend gestalten.

Würfeltheater[19]

Teamgröße: zwei Schauspieler.

Material: zwei Würfel nach folgender Vorlage (kopiert diese Vorlage auf hartes Papier und schneidet sie aus): Der erste Würfel wird euer *Bühnenbildwürfel*. Er bestimmt, wo sich die Szene abspielen wird. Schreibt sechs Ortsbezeichnungen in die Würfelflächen, z. B.: in der U-Bahn, im Warteraum beim Zahnarzt ... Der zweite Würfel wird euer *Charaktere-Würfel*. Schreibt sechs verschiedene Rollen auf die Würfelflächen, z. B.: Polizist, Putzfrau, Kleinkind ...

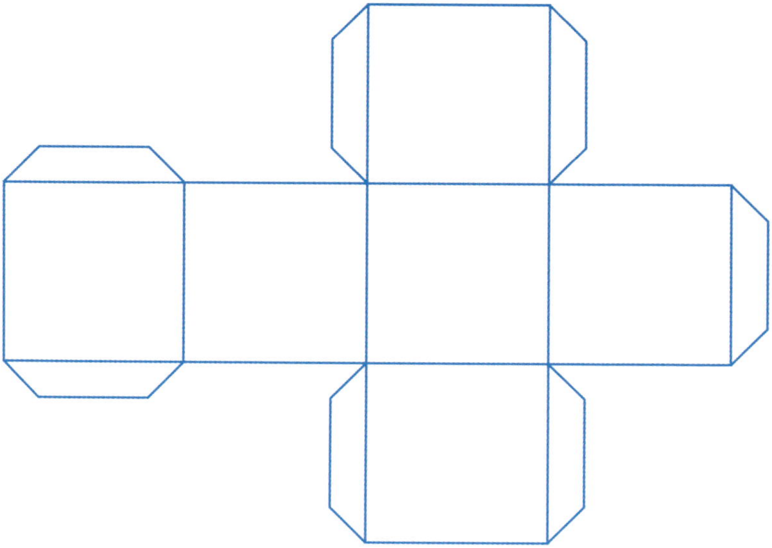

Drehbuch: Werft zunächst den Bühnenbildwürfel und bestimmt so den Ort des Geschehens. Anschließend würfelt jeder Schauspieler für sich selbst seine Rolle. Improvisiert nun eine Szene!

Würfeltheater für Sprachtalente

- Ihr könnt natürlich auch mehr Würfel ins Spiel bringen, z. B. einen zweiten *Charaktere-Würfel*, so gibt es noch mehr Möglichkeiten: Beispielsweise einen *Stimmungs-Würfel,* der euch angibt, wie es den einzelnen Figuren im Stück geht (z. B.: traurig, ängstlich, wütend, nervös). Wählt fantasievolle (märchenhafte, Science-Fiction-) Schauplätze für euren Bühnenbildwürfel!

Improvisation

Teamgröße: zwei bis beliebig viele Schauspieler.

Material: Szenenideen, schreibt sie auf kleine Zettel und faltet sie. Sammelt Ideen für eure Improvisationsszenen. Wählt ein paar normale Alltagssituationen aus. Lasst euch möglichst lustige, peinliche oder spannende Situationen einfallen. Beispiel:

- Eine Braut bekommt während der Hochzeitszeremonie Schluckauf.
- Ein junger Mann ist auf Urlaub auf Ibiza. Er kommt leicht angetrunken in sein Zimmer und legt sich in sein Bett. Auf einmal hört er Geräusche aus dem Badezimmer. Er sieht sich um und erkennt, dass er unabsichtlich in das falsche Zimmer gegangen ist. Doch zu spät: In dem Moment öffnet sich die Badezimmertür.
- Eine alte Frau liegt nachts in ihrem Bett. Plötzlich hört sie ein seltsames Geräusch.
- Herr Frack kommt aus dem Büro nach Hause. Er erklärt seiner Frau, dass er auf dem Heimweg gesehen hat, wie ein Ufo am Stadtrand landet.

Drehbuch: Ein Teammitglied zieht einen Zettel mit einer Szenenidee. Das Team hat fünf Minuten Zeit sich vorzubereiten. Danach wird die Szene improvisiert!

Uneinigkeit

Teamgröße: zwei Schauspieler.

Material: Diskussionsgründe: Sammelt verschiedene Gründe für Meinungsverschiedenheiten und schreibt sie auf kleine Zettel. Beispiel:

- Susanne und Stefan wollen ins Kino gehen. Sie möchte unbedingt die neue Kömodie sehen, während Stefan viel lieber den spannenden Actionfilm besuchen würde. Sie versuchen sich gegenseitig zu überzeugen.
- Peters Vater hat Zigaretten in Peters Schultasche gefunden. Jetzt stellt er ihn zur Rede.
- Frau Hummer klopft verärgert an die Wohnungstür von Karina. Sie feiert schon wieder eine Party. Es ist zwei Uhr in der Nacht, und die Musik schallt durch das ganze Haus.
- Melanie Schlingensief ist einkaufen. Sie möchte ein Packung Taschentücher aus dem Regal nehmen und blickt auf einmal auf ein Mäusenest! Sie kreischt laut auf und läuft zum Filialleiter.

Drehbuch: Zieht einen Diskussionsgrund und entscheidet, wer wen der beiden Personen spielt. Ihr habt fünf Minuten Zeit, um euch vorzubereiten, danach wird die Szene vorgeführt!

Small Talk

Teamgröße: zwei Schauspieler.

Material: Fotos von alltäglichen Plätzen aus eurer Stadt, wie die Bushaltestelle, der Schulhof, im Café ...

Drehbuch: Zieht eines der Fotos. Stellt euch vor, ihr trefft euch an dem entsprechenden Ort und unterhaltett euch kurz über alles, was euch gerade in den Sinn kommt. Verabschiedet euch nach fünf bis zehn Minuten *Small Talk*.

Small Talk für Sprachtalente:

- Wie bitte?: Verwendet dieselben Ortsfotos. Diesmal ist einer von euch beiden schwerhörig. Ab und zu versteht er ein Wort falsch, und so kommt es zu Verwirrungen.
- Traurigkeit: Einer von Euch beiden ist sehr unglücklich und lässt sich durch nichts aufheitern.
- Egoist: Ein Schauspieler spielt den Egoisten. Er hört kaum zu, was der andere Partner zu sagen hat, und beginnt jeden Satz mit: *„Ich habe ...“* oder *„Hab ich schon erwähnt, dass ich ...“*

Freeze[20]

Teamgröße: 3 bis 20 Schauspieler.

Drehbuch: Zwei Spieler beginnen einen beliebige Szene zu improvisieren, z. B. Patient beim Zahnarzt, zwei Frauen im Schuhgeschäft. Die anderen Schauspieler schauen zu. Sobald sie eine gute Idee haben, wie die Szene weitergehen könnte, rufen sie laut *„Freeze!“*. Nun frieren die beiden ersten Schauspieler ein, das heißt, sie bleiben in genau der Position stehen, in der sie sich gerade befinden. Der Rufer löst jetzt einen der beiden ab, indem er ihm auf die Schulter klopft. Er spielt die Szene weiter. Sobald jemand eine weitere Idee hat, darf er *„Freeze!“* rufen und die Schauspieler werden wieder gewechselt.

Empfehlenswerte Literatur

Sprachverarbeitung, Linguistik

Ida Toldbod: Kleine Zellen, große Leistung [Naturhistorisches Museum Wien]

Jean Aitchison: The Seeds of Speech. [Cambridge University Press]

Gehirn und Geist 2/2003: So funktioniert Sprache. [Spektrum]

Sprachen lernen

Vera F. Birkenbihl: Sprachenlernen leicht gemacht! [Gabal]

Colin Rose, Malcolm J. Nicholl: Master-Learning [mvg]

Turecek, Beer: English Around the Globe. [öbv&hpt]

Aussprache

Alan Maley: Listening [Oxford University Press]

Sprachspiele

Chandler, Jonathan and Stone, Mark: The resourceful English teacher. [professional perspectives]

Rollenspiele

Egon Turecek: Act It Out in English [öbvhpt]

Alan Maley: Role Play [Oxford University Press]

Fußnoten

1 Lösung: links – rechts – links – links – rechts – rechts – links – rechts – links – rechts – rechts – links

2 Gehirn und Geist 2/2003: der Lauscher im Kopf. Spektrum

3 Gehirn und Geist 2/2003: Wie werde ich ein Sprachgenie? Spektrum

4 Fortescue: West Greenlandic.

5 Aitchison, Jean: The seeds of speech. Cambridge University Press

6 (nach: Sebeok; in:) Aitchison, Jean: The seeds of speech. Cambridge University Press

7 Boyd: Brazzaville beach. Penguin

8 Birkenbihl, Vera F.: Sprachen lernen leicht gemacht! Gabal

9 Birkenbihl, Vera F.: Gehirn Potenzial. Ravensburger

10 Persönliche Mitteilung durch Sophie. Danke!

11 Leitner, Sebastian: So lernt man lernen. Herder spektrum

12 Turecek, Beer: English Around the Globe. öbv&hpt

13 Birkenbihl, Vera F.: Sprachen lernen leicht gemacht! Gabal

14 O'Brien, Dominic: Der einfache Weg zum besseren Gedächtnis. Nymphenburger

15 Birkenbihl, Vera F.: Sprachen lernen leicht gemacht! Gabal

16 Birkenbihl, Vera F.: Sprachen lernen leicht gemacht! Gabal

17 Birkenbihl, Vera F.: Trotz Schule lernen. mvg

18 Retter u. Valls: Bonanza, 77 English language games for young learners. Longman

19 Maley, Alan: Role Play. Oxford English

20 Dieses Spiel habe ich im Drama-Unterricht in Winchester, USA, kennengelernt.